Deutsche Gerichtsverfassung auf dem Gebiet der streitigen und freiwilligen Rechtspflege

Eine Gesamt-Darstellung der Gerichtsverfassung und der Zuständigkeit auf dem Gebiet der streitigen und freiwilligen Rechtspflege nach deutschem und preußischem Recht mit Einschluß der besonderen Gerichte, der Verwaltungsgerichte, der Schiedsgerichte und Gütestellen

von

Dr. iur. Wilhelm Dittmann

Hamburg
Friederichsen, de Gruyter & Co.
1939

D 8

Inhaltsverzeichnis.

II. Abschnitt:

Besondere Streitgerichte und besondere Behörden der Freiwilligen Gerichtsbarkeit

Abkürzungen.

a.A.	=	anderer Ansicht
AG	=	Ausführungsgesetz
AN	=	Amtliche Nachrichten für Reichsversicherung. (Teil IV des Reichsarbeitsblattes)
AV	=	Allgemeine Verfügung
AVRJM	=	Allgemeine Verfügung des Reichsministers der Justiz
BGBl.	=	Bundesgesetzblatt des Norddeutschen Bundes
DBG	=	Deutsches Beamtengesetz
Dehl.	=	Systematische Übersicht über das Reichsgesetzblatt, bearb. von Dehlinger. Berlin-Stuttgart 1938
DJ	=	Deutsche Justiz
DJZ	=	Deutsche Juristenzeitung
DRAnz.	=	Deutscher Reichsanzeiger
DV	=	Deutsche Verwaltung
Durchf.VO	=	Durchführungsverordnung
EG	=	Einführungsgesetz
GVBl.	=	Gesetz- und Verordnungsblatt für Baden
GS	=	Preußische Gesetzsammlung
GVG	=	Gerichtsverfassungsgesetz
i. d. Fass.	=	in der Fassung
JMBl.	=	Justiz-Ministerialblatt
JW	=	Juristische Wochenschrift
LwMBl.	=	Ministerialblatt der preußischen Verwaltung für Landwirtschaft, Domänen und Forsten
MBliV	=	Ministerialblatt für die preußische innere Verwaltung
MBlfWuA	=	Ministerialblatt für Wirtschaft und Arbeit
OLG	=	Entscheidungen des Oberlandesgerichts
PrFGG	=	Preußisches Gesetz über die Angelegenheiten der Freiwilligen Gerichtsbarkeit
PrVBl.	=	Preußisches Verwaltungsblatt
RegBl.	=	Regierungsblatt für Württemberg
RFGG	=	Reichsgesetz in Angelegenheiten der Freiwilligen Gerichtsbarkeit
RGBl.	=	Reichsgesetzblatt
RGZ	=	Entscheidungen des Reichsgerichts in Zivilsachen
RJM	=	Reichsminister der Justiz
RMBl.	=	Reichsministerialblatt
RNVbl.	=	Reichsnährstandsverordnungsblatt
RStBl.	=	Reichssteuerblatt
RZBl.	=	Zentralblatt für das Deutsche Reich
VO	=	Verordnung
ZPO	=	Zivilprozeßordnung

Einleitung.

Seit dem Ende des Weltkrieges sind im steigenden Maße Veränderungen in der Richtung einer Aufgliederung der deutschen Gerichtsbarkeit vorgenommen. Dadurch ist der Rechtszustand weitgehend unübersichtlich geworden. Daneben hat die Entwicklung eines ausgebreiteten Güte- und Schlichtungswesens zahlreiche neue Güte- und Schlichtungsstellen hervorgebracht. Es besteht deshalb das Bedürfnis, eine Übersicht über den geltenden Rechtszustand der deutschen Gerichtsbarkeit zu geben.

Im wesentlichen waren für die Begrenzung des Stoffes und der Gliederung dieser Arbeit, die bei der Vielfältigkeit der Materie auf große Schwierigkeiten stieß, praktische Gesichtspunkte maßgebend. Die Darstellung sollte sich ursprünglich auf die Gerichte der streitigen Zivilgerichtsbarkeit und der freiwilligen Gerichtsbarkeit erstrecken. Es zeigte sich aber alsbald, daß die Verwaltungsgerichtsbarkeit sich hiervon nicht trennen ließ, weil der Zusammenhang der Verwaltungsgerichtsbarkeit mit der übrigen streitigen Gerichtsbarkeit ein sehr enger ist. Dagegen konnte die Ausscheidung der Strafgerichte und der Ehrengerichtsbarkeit vollständig vorgenommen werden. Die Darstellung umfaßt somit die ordentlichen und besonderen Gerichte der streitigen Zivil- und freiwilligen Gerichtsbarkeit, ferner die der Verwaltungsgerichtsbarkeit. Im Zusammenhang hiermit mußten auch die Verwaltungsbehörden mit gerichtlicher Organisation in die Darstellung einbezogen werden.

Eine Beschränkung mußte aber auf die Verwaltungsgerichte und Verwaltungsbehörden mit gerichtlicher Organisation im Reich und in Preußen erfolgen. Die Verwaltungsgerichte der übrigen Länder haben zwar Erwähnung gefunden, auf ihre vollständige Darstellung mußte aber verzichtet werden.

In einem besonderen Abschnitt waren noch die in den Kreis dieser Gerichte gehörenden Kompetenzkonfliktsgerichtshöfe und in einem weiteren Abschnitt die Schiedsgerichte, Güte- und Gutachterstellen, Schlichtungsausschüsse und die Einrichtung des Schiedsmannsamtes zu behandeln.

Obgleich die Gliederung des so begrenzten Bereiches der Arbeit noch erhebliche Schwierigkeiten bot, konnte im allgemeinen die Zuständigkeit als Einteilungsgesichtspunkt zugrunde gelegt werden.

Die Arbeit beschränkt sich auf die Darstellung des Rechtszustandes im alten Reichsgebiet und gibt den Stand vom 1. April 1939 wieder.

I. Abschnitt.

Verfassung und Zuständigkeit der ordentlichen Gerichte.

Der erste Abschnitt umfaßt die Darstellung der Verfassung und Zuständigkeit der im § 12 GVG genannten ordentlichen Gerichtsbehörden, also der Amts-, Land- und Oberlandesgerichte sowie des Reichsgerichts.

A. Verfassung und Zuständigkeit der ordentlichen Gerichte in Angelegenheiten der streitigen Gerichtsbarkeit.

I. Gemeinsame Grundsätze.

1. Rechtsgrundlagen.

Die Rechtsgrundlagen für die Einrichtung und Zuständigkeit der ordentlichen Gerichte in bürgerlichen Rechtsstreitigkeiten sind in der Hauptsache das Gerichtsverfassungsgesetz[1], die Zivilprozeßordnung[2] und das Reichsbeamtengesetz[3]. Auf die übrigen als Rechtsgrundlage in Betracht kommenden Gesetze und Verordnungen wird in den einzelnen Unterabschnitten Bezug genommen.

2. Einteilung in Gerichtsbezirke. Neuerrichtung, Aufhebung eines Gerichts.

Das Deutsche Reich ist in bestimmte abgegrenzte Amtsgerichts-, Landgerichts- und Oberlandesgerichtsbezirke eingeteilt. Änderungen in der Abgrenzung dieser Gerichtsbezirke werden durch den Reichsminister der Justiz verordnet: § 1 Abs. 2 der Vo vom 20. III. 1935[4]. Die Neuerrichtung oder Aufhebung eines Gerichts oder die Verlegung eines Gerichtssitzes kann dagegen nur durch Reichsgesetz angeordnet werden (§ 1 Abs. 1 der Vo vom 20. III. 1935).

---

[1] In der Fassung vom 22. III. 1924, RGBl. S. 299 mit den bisher ergangenen Änderungen u. Ergänzungen, s. bei Dehlinger (1938) unter C IV.

[2] In der Fass. vom 8. XI. 1933, RGBl. S. 821 mit d. bish. erg. Änd., s. bei Dehlinger (1938) unter C V.

[3] Vom 26. I. 1937, RGBl. S. 39, mit d. bish. erg. Ergänz., s. bei Dehlinger (1938) unter A III.

[4] Verordn. zur einheitl. Regelung der Gerichtsverfassung vom 20. III. 35, RGBl. S. 403.

3. Besetzung.

Die ordentlichen Gerichte sind überwiegend mit gelehrten Richtern besetzt. Über die Besetzung mit Laienrichtern s. S. 16 (Kammer für Handelssachen) und S. 39 (Landesarbeitsgerichte).

Ausbildungsgang: Die gelehrten Richter erlangen die Fähigkeit zum Richteramt durch Ablegung zweier Prüfungen[5]. Über die Laufbahn für das Amt des Richters und Staatsanwalts siehe die Verordnung vom 29. III. 1935 (RGBl. S. 487).

Stellung der Richter[6]: Die Richter sind unabhängig und nur dem Gesetz unterworfen (§ 1 GVG). Ihre Ernennung erfolgt auf Lebenszeit (§ 6 GVG). Sie beziehen in ihrer richterlichen Eigenschaft ein festes Gehalt mit Ausschluß von Gebühren (§ 7 GVG). Wider ihren Willen können sie nur kraft richterlicher Entscheidung und nur aus den Gründen und unter den Formen, welche die Gesetze bestimmen, dauernd oder zeitweise ihres Amtes enthoben oder an eine andere Stelle oder in den Ruhestand versetzt werden (§ 8 GVG).

Grundsätzlich gelten für die richterlichen Beamten die Vorschriften des deutschen Beamtengesetezes, soweit nicht gesetzlich etwas anderes vorgeschrieben ist (vgl. § 171 DBG). Nach § 171 Abs. I S. 1 DBG ist § 68 Abs. II DBG aber von der Anwendbarkeit auf die richterlichen Beamten besonders ausgenommen. Für die Richter ist also im Interesse ihrer Unabhängigkeit eine Hinaufschiebung der Altersgrenze unzulässig[7]. Über die Versetzung eines richterlichen Beamten in den Ruhestand bestimmt § 171 Abs. I S. 3, daß diese nicht auf den sachlichen Inhalt einer in Ausübung der richterlichen Tätigkeit getroffenen Entscheidung gestützt werden kann.

Die Reichsdienststrafordnung[8] findet auf die richterlichen Beamten mit gewissen Ausnahmen, besonders hinsichtlich der Besetzung der Dienststrafgerichte, Anwendung (§§ 108—110 RDStO).

4. Verhältnis zu anderen Behörden — Kompetenzkonflikt.

Vor die ordentlichen Gerichte gehören nach § 13 GVG alle bürgerlichen Rechtsstreitigkeiten und Strafsachen, für welche nicht entweder die Zuständigkeit von Verwaltungsbehörden oder Verwaltungsgerichten begründet ist oder reichsgesetzlich besondere Gerichte bestellt oder zugelassen sind. Eine Einschränkung des Zuständigkeitsgebietes der ordentlichen Gerichte hat hauptsächlich durch die Einrichtung der besonderen Gerichte stattgefunden. Im geringen Umfang sind zur Entscheidung von bürgerlichen Rechtsstreitigkeiten

[5] Über die Ausbildung bis zur Ablegung dieser Prüfungen vgl. die „Verordnung über die Befähigung zum Richteramt, zur Staatsanwaltschaft, zum Notariat und zur Rechtsanwaltschaft vom 4. I. 1939, RGBl. S. 5.

[6] Siehe Fischbach: Deutsches Beamtengesetz, Berlin 1937, S. 59; Brand: Das deutsche Beamtengesetz, Berlin 1937, S. 673.

[7] Vgl. hierzu die AV des RJM v. 2. VII. 1937, abgedr. in der Deutschen Justiz S. 1023.

[8] Vom 26. I. 1937 (RGBl. S. 71).

auch Verwaltungsgerichte zuständig[9]. Von den nicht gerichtsartig organisierten Verwaltungsbehörden sind in bürgerlichen Rechtsstreitigkeiten einige für eine Vorabentscheidung zuständig[10].

Über den durch § 13 GVG bezeichneten Zuständigkeitskreis hinaus sind den ordentlichen Gerichten durch Reichsgesetze und auf Grund der Ermächtigung des § 4 EG GVG durch die Landesgesetzgebung zahlreiche weitere Aufgaben zugewiesen, insbesondere Angelegenheiten der freiwilligen Gerichtsbarkeit.

Besteht Streit darüber, ob eine Sache vor die ordentlichen oder vor die Verwaltungsbehörden oder Verwaltungsgerichte gehört (Frage der Zulässigkeit des Rechtsweges), so haben die Gerichte selbst zu entscheiden. In einigen Ländern sind die Verwaltungsbehörden aber befugt, in diesem Fall den Kompetenzkonflikt zu erheben: § 17 GVG[11].

II. Einrichtung und Zuständigkeit der Amtsgerichte.

1. Im allgemeinen.

a) Einrichtung.

Besetzung: Den Amtsgerichten stehen Einzelrichter vor. Wenn ein Amtsgericht mit mehreren Richtern besetzt ist, so erledigt jeder Amtsrichter die ihm obliegenden Geschäfte als Einzelrichter (§ 22 GVG).

Geschäftsverteilung: Die Geschäftsverteilung erfolgt vor Beginn des Geschäftsjahres für seine Dauer bei den Amtsgerichten durch den Amts- oder Landgerichtspräsidenten, dem die Dienstaufsicht über das Amtsgericht zusteht: §§ 1 u. 3 des Gesetzes vom 24. XI. 1937[12].

b) Zuständigkeit.

Die Zuständigkeit der Amtsgerichte umfaßt in bürgerlichen Rechtsstreitigkeiten, soweit sie nicht ohne Rücksicht auf den Wert des Streitgegenstandes den Landgerichten zugewiesen sind:

1. Streitigkeiten über vermögensrechtliche Ansprüche, deren Gegenstand an Geld oder Geldeswert die Summe von 500 RM nicht übersteigt[13],

2. ohne Rücksicht auf den Wert des Streitgegenstandes: Mietstreitigkeiten[14], Streitigkeiten aus einem Arbeitsverhältnis[15], Streitig-

---

[9] Z. B. das Reichswirtschaftsgericht, die Marktschiedsgerichte usw. Näheres ergibt sich aus der Darstellung der einzelnen Verwaltungsgerichte und Verwaltungsbehörden mit gerichtlicher Organisation (s. unten S. 60).

[10] Vgl. z. B. §§ 36 bis 40 der Strandungsordnung v. 17. V. 1874 (RGBl. S. 73).

[11] Vgl. den IV. Abschnitt.

[12] Gesetz über die Geschäftsverteilung bei den Gerichten vom 24. XI. 1937 (RGBl. S. 1286).

[13] Gesetz vom 13. XII. 1935 (RGBl. S. 1469).

[14] Nach den §§ 2 ff. Mieterschutzgesetz entscheiden die Amtsgerichte ferner in ausschließlicher Zuständigkeit über Mietaufhebungsklagen, nach § 27 MSchG über

keiten zwischen Reisenden und Wirten usw., Streitigkeiten wegen Viehmängel, wegen Wildschadens[16], alle Ansprüche auf Erfüllung einer durch Ehe oder Verwandtschaft begründeten gesetzlichen Unterhaltspflicht, Ansprüche aus einem außerehelichen Beischlaf, aus einem mit der Überlassung eines Grundstücks in Verbindung stehenden Leibgedings-, Leibzuchts- Altenteils- oder Auszugsvertrages sowie das Aufgebotsverfahren.

Die Amtsgerichte sind u. a. noch für folgende Prozeßhandlungen zuständig: für das Sühneverfahren in Ehesachen (§§ 608 ff. ZPO), für das Mahnverfahren (§§ 688 ff. ZPO), für die Anordnung von Arresten und einstweiligen Verfügungen (§§ 919, 942 ZPO), für das Beweissicherungsverfahren (§§ 485—494 ZPO), für die Erlaubnis zur Vornahme einer Zustellung zur Nachtzeit oder an Sonn- und Festtagen (§ 188 ZPO), für die Erteilung der Vollstreckungsklausel auf der Ausfertigung eines von einem Schiedsmann abgeschlossenen Vergleichs (§ 32 Schiedsmannsordnung für Preußen) (s. S. 137).

2. Im Besonderen.

a) Gerichtsbarkeit in Schiffahrtssachen.

Das Gesetz über das Verfahren in Binnenschiffahrtssachen (BVG vom 30. I. 1937)[17] hat die Folgen aus der durch die Note der Reichsregierung vom 14. XI. 1936 ausgesprochene Kündigung der internationalen Stromakten (RGBl. II S. 361) für das Gebiet der Gerichtsbarkeit gezogen. „Durch diese Kündigung sind sämtliche bisher an deutschen Strömen bestehenden internationalen Bindungen[18] beseitigt worden. Insbesondere sind durch sie auch die älteren für Rhein und Elbe abgeschlossenen Akten aufgehoben. Damit sind die Bestimmungen, die in diesen Akten über die Rhein- und Elbschiffahrtsgerichtsbarkeit getroffen waren, hinfällig geworden und es gelten nur noch die deutschen Gesetze“[19].

Das Gesetz vom 30. I. 1937 hat für ganz Deutschland einheitliche Regeln für das Verfahren in Binnenschiffahrtssachen geschaffen. Den Kreis der Binnenschiffahrtssachen hat es im § 1 BVG dahin bestimmt, daß als solche (abweichend von der bisherigen Regelung an Rhein und Elbe) nur bürgerliche Rechtsstreitigkeiten in Betracht

---

Klagen auf Räumung. Über die den Amtsgerichten als Mieteinigungsämtern übertragenen Zuständigkeiten, s. S. 28.

[15] Hat nur noch Bedeutung für Streitigkeiten der Schiffsbesatzung (§ 2 Ziff. 2 Arbeitsgerichtsgesetz); im übrigen sind jetzt die Arbeitsgerichte ausschließlich zuständig (s. S. 40).

[16] Wegen des polizeilichen Vorverfahrens vgl. die §§ 49 ff. der Ausführungsverordnung zum Reichsjagdgesetz vom 27. III 1935, RGBl. S. 431.

[17] RGBl. S. 97.

[18] Für den Rhein: Die revidierte Rheinschiffahrtsakte vom 17. X. 1868; für die Elbe: Die Elbschiffahrtsakte vom 22. II. 1922 und das Zusatzübereinkommen hierzu vom 27. I. 1923 — RGBl. 1923 II, S. 183, 485.

[19] Vgl. die Begründung in der Deutsch. Justiz 1937 S. 175 und den Aufsatz von Koffka in der DJ 1937 S. 225.

kommen. Schiffahrtssachen sind jetzt die „aus der Benutzung von Binnengewässern durch Schiffahrt und Flößerei" entstandenen Streitigkeiten sich ergebenden Ansprüche, und zwar, soweit es sich um vertragliche Ansprüche handelt, nur die unter § 1 Nr. 2 und 3 genannten auf Lotsenvergütung, Berge- und Hilfslohn. Im übrigen kommen von den außervertraglichen Ansprüchen die Schadenseratzansprüche aus Zusammenstößen, anderen Schiffahrtsunfällen und sonstigen mit der Benutzung der Gewässer zusammenhängenden unerlaubten Handlungen (Nr. 1) in Frage.

Für diese Binnenschiffahrtssachen sind nunmehr im gesamten Reichsgebiet im ersten Rechtszug ohne Rücksicht auf den Wert des Streitgegenstandes die Amtsgerichte zuständig (§ 2). Sie haben sich bei der Entscheidung dieser Sachen ausdrücklich als „Schiffahrtsgericht" zu bezeichnen[20]. Schiffahrtsgericht ist also grundsätzlich jedes Amtsgericht für seinen Bezirk. Da dieser Zustand aber dem Zwecke des Gesetzes, die Binnenschiffahrtssachen verhältnismäßig wenigen mit Schiffahrtssachen vertrauten Gerichten zuzuweisen, nicht gerecht werden würde, sieht § 4 BVG vor, daß die Binnenschiffahrtssachen einem Amtsgericht für den Bezirk mehrerer Amtsgerichte zugewiesen werden können. Artikel 4 § 1 der ersten Durchführungsverordnung vom 30. I. 1937 hat für den Rhein, Artikel 2 der zweiten Durchführungsverordnung vom 5. IV. 1938[21] hat für die Elbe von dieser Befugnis Gebrauch gemacht (s. unten).

Neben diesen Bestimmungen und die Bestimmung über die örtliche Zuständigkeit (§ 3 BVG) enthält das Gesetz nur noch eine Vorschrift über das Inkrafttreten (§ 6) und die Aufhebung der gegenstandslos gewordenen Bestimmung des § 14 Nr. 1 GVG und des Gesetzes vom 5. IX. 1935 (§ 5). Alles übrige überläßt es (§ 4) den Durchführungsvorschriften, zu deren Erlaß der Reichsminister der Justiz ermächtigt worden ist.

Von dieser Ermächtigung macht die erste Durchführungsverordnung vom 30. I. 1937 bereits nach verschiedenen Richtungen Gebrauch. Von allgemeiner Geltung ist Artikel 3 dieser Verordnung, nach der die Berufung gegen die Urteile der Schiffahrtsgerichte ohne Rücksicht auf den Wert des Streitgegenstandes zulässig ist und nach der die Vorschriften über obligatorisches Schiedsurteil bei Ansprüchen bis zu 100 RM nicht Platz greifen. Artikel 4 enthält Sonderbestimmungen über die Schiffahrtsgerichte am Rhein; danach ist die Verhandlung und Entscheidung der Binnenschiffahrtssachen im ersten Rechtszug den Amtsgerichten Duisburg-Ruhrort, St. Goar, Mainz, Ludwigshafen, Mannheim und Kehl für die im § 1 genannten Amtsgerichtsbezirke übertragen. Gegen die Urteile dieser Schiffahrtsgerichte ist die Verhandlung und Entscheidung über Berufungen und Beschwerden den Oberlandesgerichten Köln und Karlsruhe übertragen (§ 2).

---

[20] Artikel 1 der Durchf.VO vom 30. I. 1937, RGBl. S. 101.

[21] RGBl. S. 374.

Die zweite Durchführungsverordnung vom 5. IV. 1938 enthält in Artikel 2 Sonderbestimmungen über die Schiffahrtsgerichte an der Elbe. Am Lauf der Elbe ist danach die Verhandlung und Entscheidung der Binnenschiffahrtssachen im ersten Rechtszug den Amtsgerichten Hamburg, Magdeburg und Dresden für die im Artikel 2 Ziffer 1—3 genannten Amtsgerichtsbezirke übertragen.

In der dritten Durchführungsverordnung vom 30. März 1939 (RGBl. S. 700) ist Artikel 1 von allgemeiner Geltung. Danach ist die Verhandlung und Entscheidung über Berufungen und Beschwerden allgemein den Oberlandesgerichten übertragen. Gemäß Artikel 2 entscheidet das OLG Hamburg über Berufungen und Beschwerden, die sich gegen die Entscheidungen der Schiffahrtsgerichte Hamburg und Magdeburg richten, und das OLG Dresden über Berufungen und Beschwerden, die sich gegen Entscheidungen des Schiffahrtsgerichtes Dresden richten. Nach Artikel 3 wird Artikel 1 der zweiten Durchführungsverordnung aufgehoben (vgl. hierzu Koffke in der DJ 1939, S. 649).

b) Konsular-Gerichtsbarkeitssachen.

Über die besondere, nur vorübergehende Zuständigkeit des Amtsgerichts Berlin in Konsulargerichtsbarkeitssachen vgl. die Verordnung betr. die Überleitung von Rechtsangelegenheiten der weggefallenen Konsulargerichtsbarkeit in Äthiopien, Iran und der Zone des spanischen Protektorats in Marokko vom 14. X. 1938 (RGBl. S. 1441).

III. Einrichtung und Zuständigkeit der Landgerichte.

1. Einrichtung.

a) Besetzung (§ 59 GVG): Die Landgerichte sind mit einem Präsidenten und der erforderlichen Anzahl von Direktoren und Mitgliedern besetzt. Bei den Landgerichten sind Zivil- und nach Bedarf Kammern für Handelssachen gebildet.

Zivilkammern: Im Normalfall sind die Zivilkammern, soweit nicht nach den Vorschriften der Prozeßgesetze an Stelle der Kammer der Einzelrichter zu entscheiden hat[22] mit drei Mitgliedern einschließlich des Vorsitzenden besetzt (§ 75 GVG).

In den besonderen Fällen des Schiedsurteilsverfahrens[23] können gegebenenfalls zwei von den Parteien benannte Beisitzer an die Stelle der richterlichen Beisitzer treten.

Kammer für Handelssachen: Soweit der Reichsminister der Justiz ein Bedürfnis als vorhanden annimmt, können bei den Landgerichten Kammern für Handelssachen gebildet werden. Diese entscheiden in der Besetzung mit einem Mitglied des Landgerichts als Vorsitzenden und zwei Handelsrichtern, soweit nicht nach den Vorschriften der Prozeßgesetze der Einzelrichter zu entscheiden hat (§§ 93, 105 GVG).

[22] Vgl. die §§ 348 ff. ZPO.

[23] § 19 Entlastungsverordnung in der Fassung der Bekanntmachung vom 13. V. 1924, RGBl. S. 552.

Die Handelsrichter haben während der Dauer ihres Amtes in Beziehung auf dasselbe alle Rechte und Pflichten richterlicher Beamten (§ 112 GVG). Im übrigen vergl. die §§ 107 ff GVG.

b) Geschäftsverteilung: Die Geschäftsverteilung erfolgt durch den Landgerichtspräsidenten[24]. Innerhalb der Kammern werden die Geschäfte durch die Vorsitzenden auf die Mitglieder verteilt (§§ 3, 4).

2. *Zuständigkeit.*

a) In erster Instanz gehören vor die Zivilkammern einschließlich der Kammern für Handelssachen alle bürgerlichen Rechtsstreitigkeiten, welche nicht den Amtsgerichten zugewiesen sind. Ohne Rücksicht auf den Wert des Streitgegenstandes sind die Landgerichte für alle vermögensrechtlichen Ansprüche:

α) aller Beamten gegen ihren unmittelbaren Dienstherrn, sei er das Reich, ein Land oder eine Gemeinde (§ 71 Abs. II Ziff. 1 GVG),

β) gegen Reichsbeamte aus Amtspflichtverletzung (§ 71 Abs. II Ziff. 2 GVG) zuständig. Nach den §§ 1 und 3 Reichshaftungsgesetz vom 22. V. 1910 (RGBl. S. 798), Art. 131 Weim. Verf. haftet das Reich an Stelle des Beamten; für die Entscheidung über diesen Anspruch ist ebenfalls das Landgericht ausschließlich zuständig.

Die Zuständigkeit unter *α* und *β* dauert aber nur bis zur Einrichtung des Reichsverwaltungsgerichtes (§ 182 DBG); von da ab sind die Verwaltungsgerichte ausschließlich zuständig. Nur für Ansprüche wegen Verletzung der Amtspflicht bleiben die ordentlichen Gerichte zuständig; die oberste Dienstbehörde oder die von ihr bestimmte Behörde kann aber Einspruch einlegen, wenn sie der Auffassung ist, daß keine Verletzung einer Amtspflicht vorliegt. Die Entscheidung darüber, ob eine Amtspflichtverletzung vorliegt oder nicht vorliegt, fällt dann dem Reichsverwaltungsgericht zu. Dieses Einspruchsrecht ist aber nicht gegeben bei Amtspflichtverletzungen von Beamten der Justizverwaltung, die sie in oder bei Ausübung der Rechtspflege begangen haben. (Vgl. § 147 DBG.)

Die Landgerichte sind ferner ausschließlich für Ansprüche gegen den Staat wegen Verfügungen der Verwaltungsbehörden sowie für Ansprüche in betreff öffentlicher Abgaben zuständig, soweit die Landesgesetzgebung von dem Zuweisungsrecht nach § 71 Abs. III GVG Gebrauch gemacht hat.

b) In zweiter Instanz sind die Zivilkammern (einschl. der Kammern für Handelssachen) die Berufungs- und Beschwerdegerichte, in den vor den Amtsgerichten verhandelten bürgerlichen Rechtsstreitigkeiten (§ 72 GVG). Die Zivilkammern sind zuständig, soweit nicht die Kammern für Handelssachen zuständig sind. (Vgl. §§ 94 ff. GVG.)[25]

---

[24] Gesetz über die Geschäftsverteilung vom 24. XI. 1937, RGBl. S. 1286.

[25] Was die weitere Zuständigkeit der Landgerichte z. B. nach dem Aktiengesetz (§§ 199, 301), nach dem Börsengesetz (§ 49) usw. betrifft, so sei auf die Aufstellung bei Sydow-Busch § 71 GVG Anm. 3 und § 72 GVG Anm. 2 und bei Baumbach § 71 Anm. 1 und § 72 GVG verwiesen.

IV. Einrichtung und Zuständigkeit der Oberlandesgerichte.

1. Einrichtung.

a) Besetzung: Die Oberlandesgerichte sind mit einem Präsidenten und der erforderlichen Anzahl von Senatspräsidenten und Räten besetzt (§ 115 GVG).

a) Besetzung: Bei den Oberlandesgerichten sind Zivilsenate gebildet, die in der Besetzung von drei Mitgliedern mit Einschluß des Vorsitzenden entscheiden, soweit nicht nach den Vorschriften der Prozeßgesetze an Stelle des Senats der Einzelrichter zu entscheiden hat (§ 122 GVG).

b) Geschäftsverteilung: Die Geschäftsverteilung erfolgt durch den Oberlandesgerichtspräsidenten. Innerhalb der Senate werden die Geschäfte durch die Vorsitzenden auf die Mitglieder verteilt[26].

2. Zuständigkeit.

Die Zivilsenate sind zuständig für die Verhandlung und Entscheidung über das Rechtsmittel:

a) der Berufung gegen die Endurteile der Landgerichte,

b) der Beschwerden gegen die Entscheidungen der Landgerichte (§ 119 GVG),

c) über einige weitere Zuständigkeiten der Oberlandesgerichte (z. B. Amtsenthebung von Handelsrichtern: § 113 Abs. II GVG; Bestimmung des zuständigen Gerichts: § 36 ZPO) vgl. die Zusammenstellung bei Sydow-Busch: § 119 GVG Anm. 2 und Baumbach: § 119 GVG Anm. 1.

d) In Schiffahrtssachen sind am Rhein die Oberlandesgerichte Köln und Karlsruhe, an der Elbe die Oberlandesgerichte Hamburg und Dresden zuständig (vgl. S. 16).

V. Einrichtung und Zuständigkeit des Kammergerichts.

1. Einrichtung.

Für die Einrichtung und Geschäftsverteilung des Kammergerichts gilt das Gleiche, was unter dem Abschnitt „Einrichtung der Oberlandesgerichte" gesagt ist[27].

2. Zuständigkeit.

Dem Kammergericht ist neben den Aufgaben, die es mit den anderen Oberlandesgerichten gemeinsam hat, für eine Anzahl von Sachen die höchste richterliche Entscheidung über das preußische Gebiet übertragen worden. Das vor allem auf dem Gebiet der freiwilligen Gerichtsbarkeit (s. unten S. 25). In bürgerlichen Rechts-

---

[26] Gesetz vom 24. XI. 1937, RGBl. S. 1286.

[27] Nach dem Erlaß vom 1. IX. 1879 (GS S. 587) ist dem OLG Berlin die Bezeichnung Kammergericht beigelegt.

streitigkeiten ist es ausschließlich zuständig: an Stelle des Reichsgerichts für die Bestimmung des zuständigen Gerichts nach § 650 ZPO, für die Entscheidung nach § 650 Abs. III ZPO und die Bestellung zum Vollstreckungsgericht nach § 2 Zwangsversteigerungsgesetz, sofern die beteiligten Gerichte in verschiedenen preußischen Oberlandesgerichtsbezirken liegen[28].

VI. Einrichtung und Zuständigkeit des Reichsgerichts.

1. Einrichtung.

a) Besetzung: Das Reichsgericht, welches seinen Sitz in Leipzig hat[29], ist mit einem Präsidenten und der erforderlichen Anzahl von Senatspräsidenten und Räten besetzt, die vom Führer und Reichskanzler ernannt werden. Zum Mitglied des Reichsgerichts kann nur ernannt werden, wer die Fähigkeit zum Richteramt erlangt und das 35. Lebensjahr vollendet hat (§§ 124, 125 GVG).

Beim Reichsgericht sind Zivilsenate gebildet, die in der Besetzung von fünf Mitgliedern einschließlich des Vorsitzenden entscheiden (§ 139 GVG).

Beim Reichsgericht ist außerdem ein Großer Senat für Zivilsachen und ein Großer Senat für Strafsachen gebildet. Jeder dieser Großen Senate besteht aus dem Präsidenten, dem Vizepräsidenten und sieben Mitgliedern. Die Mitglieder und ihre Vertreter werden vom Reichsminister der Justiz aus der Reihe der Senatspräsidenten und der Räte jeweils für die Dauer von zwei Geschäftsjahren bestellt (§ 131a GVG).

Der Große Senat für Zivilsachen und der Große Senat für Strafsachen bilden die Vereinigten Großen Senate, die aus dem Präsidenten, dem Vizepräsidenten und sämtlichen Mitgliedern der Großen Senate bestehen (§ 131a GVG).

b) Geschäftsverteilung: Die Geschäftsverteilung erfolgt durch den Reichsgerichtspräsidenten. Innerhalb der Senate werden die Geschäfte durch die Vorsitzenden auf die Mitglieder verteilt[30].

2. Zuständigkeit (§§ 133, 136 GVG):

a) des Zivilsenats. Die Zivilsenate sind in bürgerlichen Rechtsstreitigkeiten zuständig für die Verhandlung und Entscheidung über die Rechtsmittel:

α) der Revision gegen die Endurteile der Oberlandesgerichte sowie gegen die Endurteile der Landgerichte im Falle des § 566a ZPO,

β) der Beschwerde gegen die Entscheidungen der Oberlandesgerichte in dem Falle des § 519b Abs. II ZPO.

---

[28] AV vom 18. VI. 1910 (JMBl. S. 217) in Verbindung mit Artikel 5 des Reichsgesetzes betr. die Zuständigkeit des Reichsgerichts v. 22. V. 1910, RGBl. S. 767.

[29] Ges. vom 11. IV. 1877 RGBl. S. 415.

[30] Ges. vom 24. XI. 1937, RGBl. S. 1286.

2*

b) des Großen Senats und der Vereinigten Großen Senate. Der Große Senat in Zivilsachen entscheidet, wenn in einer Rechtsfrage ein Zivilsenat von der Entscheidung eines anderen Zivilsenats oder des Großen Senats in Zivilsachen abweichen will.

Die Vereinigten Großen Senate entscheiden, wenn ein Zivilsenat von der Entscheidung eines Strafsenats oder des Großen Senats für Strafsachen oder ein Strafsenat von den Entscheidungen eines Zivilsenats oder des Großen Senats für Zivilsachen oder ein Senat von der früher eingeholten Entscheidung der Vereinigten Großen Senate abweichen will (§ 136 GVG). Die Entscheidung des Großen Senats kann auch dann eingeholt werden, wenn eine Rechtsfrage von grundsätzlicher Bedeutung vorliegt, insbesondere, wenn nach der Auffassung des erkennenden Senats die Fortbildung des Rechts oder die Sicherung einer einheitlichen Rechtsprechung es erfordern (§ 137 GVG).

Über die Zuständigkeit des Reichsgerichts für die Verhandlung und Entscheidung über die Rechtsmittel der Berufung und Beschwerde in Konsulargerichtssachen s. S. 54, über das Rechtsmittel der Berufung gegen Entscheidungen des Patentamtes s. S. 63.

Über die weitere Zuständigkeit des Reichsgerichts (z. B. Bestimmung des zuständigen Gerichts gemäß § 36 ZPO usw.) vgl. die Zusammenstellung bei Baumbach § 133 GVG Anm. 1.

B. Verfassung und Zuständigkeit der ordentlichen Gerichte in Angelegenheiten der freiwilligen Gerichtsbarkeit.

Schrifttum:

Schlegelberger: Freiwillige Gerichtsbarkeit; I. Bd., 5. Aufl., Berlin 1937; II. Bd., 5. Aufl., Berlin 1938.

I. Gemeinsame Bestimmungen.

1. Rechtsgrundlagen: Maßgebend für die Gerichtsverfassung ist auch auf dem Gebiet der freiwilligen Gerichtsbarkeit das Gerichtsverfassungsgesetz[31]. Nach § 2 EG GVG[32] finden zwar die Vorschriften des GVG „nur auf die ordentliche streitige Gerichtsbarkeit und deren Ausübung" Anwendung. Wenn nun § 4 EG GVG aber der Landesgesetzgebung ausdrücklich gestattet, „den betreffenden Landesbehörden", d. h. vor allem den ordentlichen Gerichten, jede andere Art der Gerichtsbarkeit zu übertragen, bestehen keine Bedenken, daß den ordentlichen Gerichten auch durch Reichsgesetz die freiwillige Gerichtsbarkeit überwiesen werden kann. Diese Überweisung durch Reichsgesetz ist stillschweigend dadurch erfolgt, daß das Reichsgesetz vom 20. V. 1899 die Angelegenheiten der freiwilligen Gerichtsbarkeit den Gerichten ohne nähere Maßgabe, d. h.

[31] In d. Fass. vom 22. III. 1924, RGBl. S. 299 mit den bish. erg. Änd. und Erg., s. bei Dehlinger (1938) C IV.

[32] Vom 27. I. 1877, RGBl. S. 77 mit den bish. erg. Änd., s. Dehlinger (1938) C IV.

in der bestehenden Verfassung übertrug[33]. Vgl. die §§ 30 Abs. I, 143 Abs. I, 144 und 147 RFGG.

Die Rechtsgrundlage für die Zuständigkeit ist das erwähnte RFGG[34] und für das preußische Gebiet das preußische Gesetz über die Angelegenheiten der freiwilligen Gerichtsbarkeit[35]. Auf die in den übrigen Ländern geltenden Landesgesetze kann hier nicht eingegangen werden.

2. Stellung der Richter: Nicht nur für die Fähigkeit zur Ausübung des Richteramtes, sondern auch für die Stellung der Richter ist das GVG mit den Ausführungsbestimmungen maßgebend (vgl. Schlegelberger, Anm. 8 vor § 1), soweit nicht im folgenden etwas anderes gesagt ist. Auch der Richter der freiwilligen Gerichtsbarkeit ist bei der materiellen Erledigung der ihm zugewiesenen Geschäfte unabhängig und nur dem Gesetz unterworfen. Allerdings stehen im Gegensatz zur Unabhängigkeit diesem hinsichtlich der Haftpflicht nicht die weitgehenden Garantien zur Seite, die dem Prozeßrichter im § 839 Abs. II BGB gegeben sind. Die Haftpflicht bestimmt sich ausschließlich nach § 839 Abs. I und III BGB[36].

II. Einrichtung und Zuständigkeit der Amtsgerichte.

1. Einrichtung.

Über die Einrichtung der Amtsgerichte, soweit sie in den Angelegenheiten der Freiwilligen Gerichtsbarkeit tätig werden, gelten keine Besonderheiten. Es kann deshalb auf die Ausführungen auf S. 13 verwiesen werden.

2. Zuständigkeit.

Die sachliche Zuständigkeit der Amtsgerichte in Angelegenheiten der Freiwilligen Gerichtsbarkeit ist teils im RFGG, teils in anderen Reichs- und Landesgesetzen bestimmt[37].

a) Die wichtigsten durch Reichsgesetz den Amtsgerichten übertragenen Angelegenheiten der FG sind folgende[38]:

aa) Allen Amtsgerichten sind übertragen:

1. die Führung öffentlicher Register:
   a) Vereinsregister, § 159 RFGG,
   b) Güterrechtsregister, §§ 161, 162 RFGG,
   c) Handelsregister, §§ 125/144 RFGG,
   d) Genossenschaftsregister, §§ 147, 148 RFGG[39].

---

[33] Vgl. Schlegelberger I. Bd. Vorbem. zum 1. Abschn. Anm. 4.

[34] In d. Fass. vom 20. V. 1898, RGBl. S. 771 mit den bish. erg. Änd. s. bei Dehlinger (1938) C VI.

[35] Vom 21. IX. 1899, Ges. S. 249 mit den bish. erg. Änd., s. bei Schlegelberger S. 1053.

[36] Vgl. die Ausführungen bei Schlegelberger, Anm. 11 u. 12 vor § 1.

[37] Vgl. die Zusammenfassung bei Sydow-Busch § 27 GVG Anm. 3.

[38] Vgl. die ausführliche Aufzählung bei Schlegelberger, Anm. 20 zu § 1.

[39] Vgl. die VO über das Genossenschaftsregister vom 22. XI. 1923, RGBl. S. 1123 mit den bish. erg. Änderg. bei Dehlinger C II (1938).

2. Grundbuchsachen[40]).
3. Nachlaß- und Teilungssachen (§§ 72 ff. RFGG).
4. Familienrechtsangelegenheiten:
 a) Vormundschaftssachen. §§ 35 ff. RFGG,
 b) Sonstige Familienrechtsangelegenheiten, vgl. §§ 65 ff. RFGG u. §§ 16 Abs. 1 und 17 des Ges. vom 12. IV. 1938 (RGBl. S. 382): Aufhebung von Kindesannahmeverhältnissen; § 11 der VO vom 31. V. 1934 (RGBl. S. 472): Befreiung vom Alterserfordernis bei der Annahme an Kindesstatt (nach § 13 der Verordnung vom 31. V. 1934 ist die Entscheidung des Amtsgerichts in diesem Falle eine Verwaltungsentscheidung).
5. Gerichtliche Beurkundung und Beglaubigung, vgl. §§ 167 ff. RFGG.

bb) Bestimmten Amtsgerichten sind übertragen:
1. die Führung öffentlicher Register:
 a) Schiffsregister für Binnenschiffe: §§ 119 ff. Binnenschiffahrtsgesetz[41]; mit der Führung des Registers für die Bezirke mehrerer Gerichte sind z. B. die Amtsgerichte Köln, Essen, Duisburg-Ruhrort, Berlin-Mitte betraut worden. (Vgl. AV vom 22. II. 1939, DJ S. 351.)
 b) Schiffsregister für Seeschiffe[42] sind bei folgenden Amtsgerichten angelegt: Königsberg, Elbing (Danzig), Stettin, Kiel, Hamburg, Itzehoe, Schleswig, Flensburg, Emden usw. (Vgl. die Ausführungen bei Schlegelberger, Anm. 10 vor Art. 29 PrFGG und die AV vom 24. III. 1937, DJ S. 527.)
 c) Musterregister[43]: beim Amtsgericht Berlin-Mitte.
 d) Kabelbuch[44] beim Amtsgericht Berlin-Mitte.
2. Die Zuständigkeit in Vormundschafts-, Kindesannahme- und Nachlaßsachen ist in den Fällen der §§ 36 Abs. II, 66 Abs. II und 73 Abs. II RFGG dem Amstgericht Berlin übertragen[45]. Das Amtsgericht Berlin ist ferner zur Entscheidung über die Aufhebung von Kindesannahmeverhältnissen nach den §§ 16 Abs. I, II und 17 des Gesetzes vom 12. IV. 1938 (RGBl. S. 382) zuständig.

b) Nach Landesrecht:

[40] Vgl. die Grundbuchordnung i. d. Fass. vom 5. VIII. 1935, RGBl. S. 1073 und die AV vom 8. VIII. 1935, RGBl. S. 1089.

[41] In der Fass. vom 20. V. 1898, RGBl. S. 868 mit den bish. erg. Erg., vgl. Dehlinger (1938) G, V, 1.

[42] §§ 4 ff. des Ges. betr. das Flaggenrecht der Kauffahrteischiffe vom 22. VI. 1899, RGBl. S. 319 mit den bish. erg. Änd., s. bei Dehlinger A, I, A (1938) und die VO betr. der Führung des Schiffsregisters vom 20. XII. 1935, RGBl. S. 1591.

[43] § 9 Abs. 1 des Ges. betr. das Urheberrecht an Mustern und Modellen vom 11. I. 1876, RGBl. S. 11 mit d. bish. erg. Änd., s. bei Dehlinger C, III.

[44] § 16 Kabelpfandgesetz vom 31. III. 1925, RGBl. S. 37.

[45] § 14 der VO vom 31. V. 1934, RGBl. S. 474.

Zahlreiche weitere Angelegenheiten sind den Amtsgerichten durch Landesgesetze übertragen. Über die in Preußen den Amtsgerichten übertragenen Angelegenheiten vgl. die ausführliche Darstellung bei Schlegelberger, Anm. 30 zu § 1. Als Beispiele seien genannt:

1. die freiwillige gerichtliche Versteigerung von Grundstücken, Art. 66 ff. PrFFG.;
2. die Entgegennahme von Erklärungen über den Austritt aus den Religionsgesellschaften des öffentlichen Rechts, §§ 1 und 4 des Gesetzes vom 30. XI. 1920[46].

c) Besondere Zuständigkeit nach neueren Gesetzen und Verordnungen:

Die Zuständigkeit der Amtsgerichte auf dem Gebiet der FG ist in letzter Zeit durch einige Reichsgesetze und Verordnungen erheblich erweitert, und zwar:

1. Durch das Gesetz über die Hypothekenzinsen[47]: Dem Richter wird nach diesem Gesetz die Aufgabe zugewiesen, bei den Hypotheken des freien Marktes zwischen Gläubiger und Schuldner eine Einigung über die Höhe der im Einzelfall angemessenen Zinsen zu vermitteln und, wenn dies nicht gelingt, den angemessenen Zinsfuß seinerseits zu bestimmen. Die Vertragshilfe des Richters tritt nach diesem Gesetz dann ein, wenn sich die Beteiligten über den angemessenen Zins einer Forderung, die durch Hypothek an einem inländischen Grundstück gesichert ist, nicht einigen können. Gelingt die Vermittlung einer gütlichen Einigung durch den Richter aber nicht, so soll der Richter den angemessenen Zins seinerseits bestimmen, für dessen Ermittlung dem Richter in der Ersten Durchf.VO[48] nähere Anweisungen gegeben werden.

Die Vertragshilfe wird aber nur auf Antrag gewährt, den der Eigentümer des belasteten Grundstücks, der persönliche Schuldner oder der Gläubiger stellen kann. Der Antrag ist an dasjenige Amtsgericht zu richten, in dessen Bezirk das Grundbuch für das belastete Grundstück geführt wird.

2. Durch die Verordnung zur Regelung der Aufwertungsfälligkeiten[49]: Nach dieser Verordnung ist eine richerliche Vertragshilfe vorgesehen, wenn Gläubiger und Schuldner sich über die Zahlung aufgewerteter Hypotheken (Grundschulden) sowie über die aufgewerteten persönlichen Forderungen (§§ 4, 9) nicht einigen können. Diese richterliche Vertragshilfe kann aber nur binnen sechs Wochen, nachdem der Gläubiger gekündigt hat, von dem Gläubiger, persönlichem Schuldner oder dem Eigentümer des belasteten Grundstücks beantragt werden.

---

[46] GS 1921 S. 119.

[47] Ges. vom 2. VII. 1936, RGBl. S. 533; Amtl. Erläuterung in der DJ 1936 S. 1033; 1. Durchf.VO vom 2. VII. 1936, RGBl. S. 536; 2. Durchf.VO vom 2. VII. 1936, RGBl. S. 537; vgl. auch DJ 1937, S. 1389.

[48] Siehe [47].

[49] Vom 21. XII.1936, RGBl. S. 1121

3. Durch die Verordnung zur Durchführung der Verordnung zur Sicherung der Landbewirtschaftung[50]: Nach dieser Verordnung kann das Amtsgericht auf Antrag des Kreis- bzw. Landesbauernführers in den Fällen, in denen die Art und Weise der Bewirtschaftung eines landwirtschaftlichen Betriebes oder Grundstücks durch den Nutzungsberechtigten (das ist derjenige, der als Eigentümer, Eigenbesitzer, Pächter usw. einen landwirtschaftlichen Betrieb oder ein Grundstück bewirtschaftet, § 1) anhaltend oder in erheblichem Maß nicht den Anforderungen entspricht, die zur Sicherung der Volksernährung an die Bewirtschaftung landwirtschaftlicher Betriebe und Grundstücke gestellt werden müssen, Maßnahmen treffen, die einer den vorgenannten Anforderungen entsprechenden Wirtschaftsführung entsprechen.

III. Einrichtung und Zuständigkeit der Landgerichte.

1. Einrichtung.

Über die Besetzung und Geschäftsverteilung der Landgerichte, soweit sie in Angelegenheiten der FG tätig werden, gelten mit Ausnahme der Besetzung in Entschuldungssachen keine Besonderheiten. In Entschuldungssachen entscheiden die Zivilkammern zusätzlich mit zwei Mitgliedern aus den nächstbeteiligten Ständen (Handel, Handwerk oder Landwirtschaft), im ganzen also mit 5 Mitgliedern[51]. Im übrigen kann auf die Ausführungen auf S. 16 verwiesen werden.

2. Zuständigkeit.

Die den Landgerichten übertragenen Angelegenheiten der FG werden von den Zivilkammern erledigt.

a) Die Landgerichte sind nach Reichsrecht in erster Instanz in der Hauptsache zuständig:

1. für die Anordnung der Löschung gewisser fehlerhafter Eintragungen in den verschiedenen Registern, §§ 143, 144, 147, 159, 161 RFGG;
2. für die Bestimmung des örtlich zuständigen Gerichts bei Streit über die Zuständigkeit usw., vgl. §§ 5, 46 Abs. II, 75 RFGG, §§ 1, 5 GBO;

In zweiter Instanz sind die Landgerichte nach Reichsrecht in der Hauptsache zuständig für die Entscheidung über Beschwerden in Angelegenheiten der FG, §§ 19, 30 RFGG; in Fürsorgeerziehungssachen, §§ 65 ff. des Reichsgesetzes für Jugendwohlfahrt vom 9. VII. 1922[52] in Verbindung mit den §§ 1 und 19 Abs. II RFGG; nach § 7 des Gesetzes über die Hypothekenzinsen; nach Art. 9 der Verordnung zur Regelung der Aufwertungsfälligkeiten; nach § 38

[50] Vom 22. IV. 1937, RGBl. S. 535.

[51] Artikel 4 der 7. Durchf.VO der landwirtschaftlichen Schuldenregelung vom 30. IV. 1935, RGBl. S. 572.

[52] RGBl. S. 633.

der Durchf.VO der Verordnung zur Sicherung der Landbewirtschaftung; nach Art. 4 der 7. Durchf.VO zum Schuldenregelungsgesetz; nach Art. 24 der Pächterentschuldungsverordnung vom 12. III. 1935[53] usw.

b) Einige weitere Angelegenheiten sind den Landgerichten durch Landesgesetz übertragen. Über die in Preußen den Landgerichten in erster Instanz übertragenen Angelegenheiten (z. B. Entscheidung über die Weigerung des Notars, eine Ausfertigung zu erteilen, Art. 51 Abs. II PrFGG) vgl. die Zusammenfassung bei Schlegelberger § 1 Anm. 32. In zweiter Instanz werden sie als Bechwerdegerichte tätig: Art. 6 PrFGG.

IV. Einrichtung und Zuständigkeit der Oberlandesgerichte.

1. Einrichtung.

Über die Besetzung und Geschäftsverteilung der Oberlandesgerichte, soweit sie in Angelegenheiten der FG tätig werden, gelten keine Besonderheiten. Es kann deshalb auf die Ausführungen auf S. 18 verwiesen werden.

2. Zuständigkeit.

Die Oberlandesgerichte (mit Ausnahme des Kammergerichts und des Oberlandesgerichts München) sind in Angelegenheiten der FG und in Grundbuchsachen zuständig zur Entscheidung über das Rechtsmittel der weiteren Beschwerde, falls das Kammergericht oder das Oberlandesgericht München die weitere Beschwerde den Oberlandesgerichten gemäß der VO vom 23. III. 1936[54] zur Entscheidung überweisen (§§ 199 FrGG, 79, 81 GBO, siehe unter V).

Nach preußischem Recht sind die Oberlandesgerichte in Preußen in erster Instanz kraft besonderen Auftrages in Stiftungssachen zuständig (vgl. Schlegelberger § 1, Anm. 33), ferner in zweiter Instanz für Beschwerden (Art. 6 PrFGG), dagegen nur ausnahmsweise für die weitere Beschwerde, über die in der Regel das Kammergericht entscheidet (Art. 7 a.a.O.).

V. Einrichtung und besondere Zuständigkeit des Kammergerichts und des Oberlandesgerichts München.

1. Einrichtung.

Für die Einrichtung des Kammergerichts und des Oberlandesgerichts München gelten in Angelegenheiten der freiwilligen Gerichtsbarkeit keine Besonderheiten. Es kann deshalb auf die Ausführungen auf S. 18 verwiesen werden.

---

[53] RGBl. S. 360.

[54] Verordnung über die Zuständigkeit der Oberlandesgerichte in Angelegenheiten der FG und der Kostenordnung vom 23. III. 1936, RGBl. S. 251.

2. *Zuständigkeit:*

a) im ersten Rechtszug.

Nach § 27 der Ersten Durchführungsverordnung zum Aktiengesetz vom 29. IX. 1937[55] entscheidet bei Meinungsverschiedenheiten zwischen den Abschlußprüfern und dem Vorstand der Gesellschaft über die Auslegung der Vorschriften über den Jahresabschluß und den Geschäftsbericht eine Spruchstelle, die im ersten Rechtszuge ein Zivilsenat des Kammergerichts bzw. Oberlandesgerichts München für die diesen durch die VO vom 23. III. 1936 (RGBl. S. 251) zugewiesenen Bezirke (§ 28) bildet.

b) in zweiter und dritter Instanz.

aa) Nach Reichsrecht: das Kammergericht und Oberlandesgericht München sind zur Entscheidung zuständig über die Rechtsmittel:

1. der weiteren Beschwerde gegen die Entscheidung eines Landgerichts an Stelle des sonst zuständigen Oberlandesgerichts in allen Angelegenheiten der FG. Das Kammergericht ist zuständig, sofern die angefochtene Entscheidung zu den Oberlandesgerichtsbezirken Berlin, Braunschweig, Breslau usw. gehört; das Oberlandesgericht München ist zuständig, sofern die angefochtene Entscheidung von einem Landgericht erlassen ist, das zu den Oberlandesgerichtsbezirken Bamberg, Darmstadt, Dresden usw. gehört (vgl. § 1 der VO vom 23. III. 1936[56]). In § 2 der VO vom 23. III. 1936 ist die Überweisungsmöglichkeit der weiteren Beschwerde an ein Oberlandesgericht geregelt (vgl. hierzu die §§ 109 ff. RFGG und § 79 GBO und oben IV, 2);

2. der Beschwerde gegen eine Verfügung, durch die über die Entlassung eines Mitgliedes des Familienrates von dem Gericht, welches dem Vormundschaftsgericht im Instanzenzug übergeordnet ist, entschieden wird (§ 64 RFGG, § 3 der VO vom 23. III. 1936, RGBl. S. 251);

3. der sofortigen Beschwerde gegen eine Verfügung des Landgerichts, durch welche in den Fällen der §§ 143, 144, 147, 159 und 161 RFGG der Widerspruch gegen die Löschung einer Eintragung im Handels-, Genossenschafts-, Vereins- oder Güterrechtsregister zurückgewiesen ist (§ 3 der VO von 1936, §§ 143 Abs.II, 199 Abs. II RFGG, Art. 7 PrFGG).

Im Sinne der §§ 5, 46 RFGG gilt das im § 1 der VO für die weitere Beschwerde zuständige Oberlandesgericht als gemeinschaftliches oberes Gericht für alle Gerichte der ihm nach § 1 der VO zugewiesenen Bezirke (siehe unter 1), sofern ein anderes gemeinschaftliches oberes Gericht außer dem Reichsgericht nicht vorhanden ist. In den Fällen der §§ 5, 46 RFGG tritt es für die Gerichte der ihm zugewiesenen Bezirke an die Stelle des Oberlandesgerichts, das die Zuständigkeit zu bestimmen oder über die Übernahme zu entscheiden

[55] RGBl. S. 1026.

[56] RGBl. S. 251 u. die VO zur Änd. dieser VO vom 11. VII. 1938, RGBl. S. 903 (§ 4).

hat, ohne gemeinschaftliches oberes Gericht zu sein (§ 4 der VO von 1936).

4. nach Art. 9 der VO zur Regelung der Aufwertungsfälligkeiten[57] ist das Kammergericht und das Oberlandesgericht München zuständig zur Entscheidung über das Rechtsmittel der sofortigen weiteren Beschwerde.

bb) Nach Landesrecht (Preußen) siehe Art. 7 PrFGG.

VI. Einrichtung und Zuständigkeit des Reichsgerichts.

1. Einrichtung.

Für die Einrichtung des Reichsgerichts, soweit es in Angelegenheiten der FG tätig wird, gelten keine Besonderheiten; es kann daher auf die Ausführungen auf S. 19 verwiesen werden.

2. Zuständigkeit.

Das Reichsgericht ist in den Angelegenheiten der FG und in Grundbuchsachen zuständig für die Entscheidung über die Rechtsmittel:

a) der weiteren Beschwerde, falls das mit der weiteren Beschwerde zunächst befaßte Kammergericht oder Oberlandesgericht München bei der Auslegung einer diese Angelegenheiten betreffenden reichsgesetzlichen Vorschrift von der auf die weitere Beschwerde ergangenen Entscheidung des Oberlandesgerichts München oder des Kammergerichts oder des Reichsgerichts abweichen will (§§ 28, 30 RFGG, §§ 79, 81 GBO);

b) der Beschwerde gegen die Entscheidungen des Konsuls (§ 14 Ziffer. 3 Konsulargerichtsbarkeits-Gesetz[58]);

c) nach § 28 Abs. II der Ersten Durchführungsverordnung zum Aktiengesetz vom 29. IX. 1937[59] ist ein Zivilsenat des Reichsgerichts die Spruchstelle des zweiten Rechtszuges, der bei Meinungsverschiedenheiten zwischen den Abschlußprüfern und dem Vorstand der Gesellschaft über die Auslegung der Vorschriften über den Jahresabschluß und den Geschäftsbericht entscheidet. Dieser Zivilsenat ist zuständig für die Entscheidung über das Rechtsmittel der sofortigen Beschwerde gegen die Entscheidung der Spruchstelle des ersten Rechtszuges (Kammergericht oder Oberlandesgericht München), wenn die Spruchstelle des ersten Rechtszuges sie in der Entscheidung für zulässig erklärt hat.

---

[57] Vom 21. XII. 1936, RGBl. S. 1121.
[58] Vom 7. IV. 1900, RGBl. S. 213.
[59] RGBl. S. 1026.

C. Sonstige Zuständigkeiten der ordentlichen Gerichte.

I. Tätigkeiten in Miet- und Pachtsachen.

1. Mietsachen

Schrifttum:

Brandis: Mieterschutz im neuen Reich, 3. Aufl., Berlin 1936;
Ebel: Reichsmietengesetz, 6. Aufl., Berlin 1936;
Danielcik: Das neue Mietrecht, Berlin 1936.

Rechtsgrundlagen — maßgebende Verfahrensbestimmungen. Die Tätigkeit der Mieteinigungsämter und Beschwerdestellen beruht in der Hauptsache auf den Bestimmungen des Mieterschutzgesetzes[60] und des Reichsmietengesetzes[61].

Die maßgebenden Verfahrensbestimmungen enthalten die §§ 37 ff. MSchG, die Verfahrensanordnung[62] und die Ausführungsvorschriften der Länder[63].

a) Mieteinigungsämter (Amtsgerichte).

α) Einrichtung: Die Geschäfte der Mieteinigungsämter sind heute in der Hauptsache den Amtsgerichten übertragen. Nur noch in einigen preußischen Gemeinden bestehen die Mieteinigungsämter als besondere Einrichtung der Gemeinde, ferner in einem Teil von Bayern, in Mecklenburg und in Mannheim. Ein staatliches Mieteinigungsamt ist für Schaumburg-Lippe in Bückeburg eingerichtet. In Lübeck ist das Mieteinigungsamt beim Wohlfahrtsamt eingerichtet (vgl. die Ausführungsverordnungen der Länder).

Besetzung: Das Mieteinigungsamt entscheidet ohne Beisitzer allein durch den Vorsitzenden. Die Beisitzer gibt es seit der Notverordnung vom 8. XII. 1931 (RGBl. S. 699) nicht mehr. (Vgl. im einzelnen über die Besetzung § 38 MSchG.)

Stellung des Vorsitzenden: Der Vorsitzende muß zum Richteramt befähigt sein oder die Prüfung zum höheren Verwaltungsdienst abgelegt haben. Während seiner Amtszeit, die mindestens ein Jahr betragen soll, darf er gegen seinen Willen nur nach den für die Entlassung eines richterlichen Beamten geltenden Vorschriften aus dem Amt entfernt werden.

β) Zuständigkeit: Die Zuständigkeit des Mieteinigungsamtes ergibt sich aus dem Mieterschutzgesetz und dem Reichsmietengesetz.

I. Nach dem Mieterschutzgesetz ist das Mieteinigungsamt nur für einige Hilfsentscheidungen zuständig, und zwar:

1. für die Festsetzung des gesetzlichen Mietzinses für die den Mietern verbleibenden Räume bei Aufhebung des Mietverhältnisses nur hinsichtlich eines Teils des Mietverhältnisses: § 4 Abs. II Satz 3;

[60] In d. Fass. d. Bekanntm. vom 27. IV. 1933, RGBl. S. 235, des Art. 5 des Ges. vom 27. X. 1933, RGBl. S. 780, 787 u. des Art. 2 der VO vom 20. IV. 1936, RGBl. S. 378. Vgl. Dehlinger E, VI.

[61] In d. Fass. des Art. 1 der VO vom 20. IV. 1936, RGBl. S. 378, 380.

[62] Vom 19. IX. 1923, RGBl. S. 889, i. d. Fass. der Bekanntm. v. 27. III. 1932, RGBl. S. 170.

[63] Vgl. die Zusammenstellung bei Danielcik: Das neue Mietrecht 1936 S. 199 ff.

2. für die Festsetzung des Mietzinses bei weiterer Überlassung des Raumes nach Auflösung eines Dienst- oder Arbeitsverhältnisses: § 21 Satz 2.

II. Nach dem Reichsmietengesetz ist es zuständig:

1. Zur Entscheidung über die Höhe der gesetzlichen Miete: § 1 Abs. II.

2. Zur Feststellung der Höhe der Friedensmiete und der Festsetzung des ortsüblichen Mietzinses als Friedensmiete: § 2 Abs. III und V.

3. Zur Festsetzung eines besonderen Zuschlags bei Vermietung von Räumen zu gewerblichen Zwecken: § 10.

4. Zur Entscheidung bei Streit über die Zusatzmiete, Ersetzung der Zustimmung eines Mieters zu baulichen Veränderungen: § 13a.

In Preußen ist gemäß der Ausführungsverordnung zum Reichsmietengesetz vom 25. IV. 1936 (GS S. 99) das Mieteinigungsamt zur Entscheidung bei Verzug des Mieters bezüglich der Schönheitsinstandsetzungen zuständig: § 7 Abs. II.

γ) Rechtsnatur — Verhältnis zu den ordentlichen Gerichten.

Über die Rechtsnatur der Mieteinigungsämter ist man verschiedener Meinung. Nach Ansicht des Kammergerichts sind sie einem Verwaltungsgericht vergleichbar, während das Reichsgericht die Mieteinigungsämter als Verwaltungsbehörden bzw. Verwaltungsstellen ansieht[64]. In der Begründung führt das Reichsgericht aus, daß das Mieteinigungsamt nicht Rechtsfragen zu lösen und nicht Rechtsschutz zu gewähren, sondern in Betätigung von sozialwirtschaftlichen Gesichtspunkten und von Erwägungen der Billigkeit und Zweckmäßigkeit rechtgestaltend und rechtschaffend zu wirken habe. Es sei nach Art und Bedeutung als ein Organ zur Ausübung sozialer Fürsorge, aber nicht als ein Rechtspflegeorgan zu betrachten und sei demgemäß nicht den Gerichten, sondern den Verwaltungsbehörden zuzuzählen.

Die Zuständigkeit des Mieteinigungsamtes ist von der der ordentlichen Gerichte scharf zu trennen, denn soweit die Zuständigkeit des Mieteinigungsamtes reicht, ist der Rechtsweg vor den ordentlichen Gerichten ausgeschlossen. Die Entscheidungen des Mieteinigungsamtes sind für die ordentlichen Gerichte bindend, sofern sie innerhalb der sachlichen Zuständigkeit des Mieteinigungsamtes erlassen sind[65].

b) Beschwerdestellen (Landgerichte und Oberlandesgericht Rostock.

α) Einrichtung: Die Landgerichte entscheiden als Beschwerdestellen in Mietsachen durch eine Zivilkammer mit Ausnahme von Mecklenburg, wo ein Zivilsenat des Oberlandesgerichts Rostock entscheidet[66]. Über die Besetzung und Geschäftsverteilung der Zivil-

[64] Vgl. die Ausführungen des RG. in JW 1924 S. 843 und die RG-Entscheidung Bd. 107, S. 286.

[65] RGZ, Bd. 103 S. 315; Bd. 140 S. 144.

[66] Vgl. die Ausf.Verordn. der Länder bei Danielcik.

kammer bzw. des Zivilsenats gelten keine Besonderheiten. Es kann daher auf die Ausführungen auf S. 16 und 17 verwiesen werden.

β) Zuständigkeit[67]. Die Landgerichte (Zivilkammern) bzw. das Oberlandesgericht Rostock (Zivilsenat) sind als Beschwerdestellen zuständig zur Entscheidung über das Rechtsmittel der Beschwerde gegen die Entscheidungen der Mieteinigungsämter.

c) beim Kammergericht.

α) Für die Einrichtung des Kammergerichts, soweit es in Mietsachen tätig wird, gelten keine Besonderheiten. Es kann daher auf die Ausführungen auf S. 18 verwiesen werden.

β) Gemäß § 6 der Preuß. Ausführungsverordnung zum MSchG vom 24. IV. 1936 (GS S. 102) ist das Kammergericht zur Vorabentscheidung über eine Rechtsfrage (Rechtsentscheid) zuständig. (In Bayern das Oberlandesgericht München: § 4 Ausführungsverordnung zum MSchG vom 28. IV. 1936, Bayr. Gesetz- und Verordnungsblatt Nr. 16 S. 77.)

2. Pachtsachen.

A. Pachtsachen nach den Pachtschutzordnungen.

Schrifttum:

Mitzschke: Das Pachtschutzrecht im Reich und in Preußen, Berlin 1924;
Pfundtner-Neubert: Das neue deutsche Reichsrecht, III Wirtschaftsrecht b;
Wagemann-Marwitz: Die Preuß. Pachtsch. Ordn., 4. Aufl., Berlin 1928;

Die hier zu behandelnden Pachtsachen sind von den Pachtsachen nach der Kleingarten- und Kleinpachtlandordnung scharf zu trennen (vgl. hierüber S. 33).

Rechtsgrundlagen: Die Tätigkeit der Pachteinigungsämter beruht auf der Verordnung zur Vereinheitlichung der Zuständigkeit in Pachtschutzsachen[68], der preußischen Pachtschutzordnung[69], der preußischen Verordnung zur Ausdehnung der Pachtschutzordnung auf Jagdpacht- und Fischereipachtverträge[70] usw.

Maßgebende Verfahrensbestimmungen. Die maßgebenden Verfahrensbestimmungen enthalten u. a. die §§ 15 ff. Preuß. Pachtschutzordnung, § 3 Reichs-Pachtschutzordnung, § 7 Reichs-Pachtschutzgesetz. Außer in Preußen und im Saarland, wo die Preuß.

---

[67] Siehe [66].

[68] Vom 22. X. 1936, RGBl. S. 906, Art. 1 § 1.

[69] Vom 19. IX. 1927, GS S. 177.

[70] In d. Fass. vom 25. I. 1934, GS S. 53; vgl. ferner die Reichspachtschutzordnung (RPSchO) i. d. Fass. d. Bek. vom 23. VII. 1925, RGBl. S. 152; das Reichsgesetz über Pächterschutz vom 22. IV. 1933, RGBl. S. 221, hierzu das Gesetz vom 30. IX. 1936, RGBl. S. 851; die Verordnung über die Bildung gemeinschaftlicher Pachteinigungsämter vom 22. X. 1936, RGBl. S. 907, vom 22. III. 1937, RGBl. S. 374, vom 26. II. 1937, RGBl. S. 227 (Saarland); das Gesetz über Weitergeltung und Ergänzungen des Pachtnotrechts vom 30. IX. 1937, RGBl. S. 1051. Sämtliche Änderungen und Ergänzungen s. bei Dehlinger D, IV. (1938). AVRJM vom 27. X. 1936 über die Vereinheitlichung der Zuständigkeit und des Verfahrens in Pachtschutzsachen, DJ S. 1631. — AVRJM vom 30. X. 1936, DJ S. 1675 (geschäftliche Behandlung der Pachtschutzsachen); vom 27. X. 1936, (gemeinschaftl. Pachteinigungsämter), DJ S. 1637.

Pachtschutzordnung im vollen Umfang gilt, gilt in den anderen Ländern die Preuß. Pachtschutzordnung nach Maßgabe der Verordnung vom 22. X. 1936. Die Entscheidungen der Pachteinigungsämter erfolgen nach nichtöffentlicher Verhandlung durch Beschluß, die Entscheidungen der Landgerichte dagegen im Berufungsverfahren durch Urteil (§ 46 Preuß. Pachtschutzordnung).

Im einzelnen werden folgende Stellen tätig:

a) die Pachteinigungsämter (Amtsgerichte).

α) Einrichtung: Die Aufgaben der Pacheinigungsämter sind im ersten Rechtszug den Amtsgerichten übertragen. Die Einrichtung richtet sich für das ganze Reichsgebiet nach der Preuß. Pachtschutzordnung und der preußischen Verordnung zur Ausdehnung der Pachtschutzordnung auf Jagdpacht- und Fischereipachtverträge: § 1 der VO vom 22. X. 1936.

Das Pachteinigungsamt besteht aus dem Amtsrichter als Vorsitzenden und zwei Beisitzern. Die letzteren werden je zur Hälfte dem Kreis der Pächter und Verpächter entnommen. Über die Zuziehung von Beisitzern vgl. die §§ 9 ff. Preuß. Pachtschutzordnung. Nach der Verordnung vom 22. X. 1936 (s. Anm. 68) ist für das ganze Reich einheitlich folgendes bestimmt: In sämtlichen Ländern bleiben in Pachtschutzsachen die Verpächter- und Pächterbeisitzer bis auf weiteres im Amt. Soweit künftig im Einzelfall die Bestellung von Beisitzern erforderlich wird, erfolgt sie durch den Oberlandesgerichtspräsidenten auf Vorschlag des Landesbauernführers, in Jagdpachtsachen auf Vorschlag des Gaujägermeisters. Soweit das Gesetz nicht Ausnahmen bestimmt, üben die Beisitzer während der mündlichen Verhandlung das Richteramt im vollen Umfang und mit gleichem Stimmrecht wie der Vorsitzende aus. (§ 12 Preuß. Pachtschutzordnung.) Im übrigen ist auf die in den §§ 11, 13 und 14 Preuß. Pachtschutzordnung genannten Vorschriften des GVG und der ZPO zu verweisen.

β) Zuständigkeit: Die Zuständigkeit der Pachteinigungsämter richtet sich in der Hauptsache nach § 2 des Gesetzes über Weitergeltung und Ergänzung des Pachtnotrechtes[71]. Danach kann das Pachteinigungsamt auf Antrag anordnen, daß:

1. gekündigte Verträge oder ohne Kündigung ablaufende Pachtverhältnisse über zu landwirtschaftlicher, obstbaulicher oder gewerbsmäßiger gärtnerischer Nutzung, zum Korbweidenbau oder zur Fischerei überlassene Grundstücke ohne Rücksicht auf die Größe der Pachtfläche über die in den Vorschriften des bisherigen Pachtnotrechts vorgesehenen Zeiträume hinaus auf angemessene Zeit verlängert werden;

2. Bestimmungen der unter 1. genannten Art, die einer Steigerung der Erzeugung entgegenstehen, aufgehoben oder abgeändert

[71] Vom 30. IX. 1937, RGBl. S. 1051.

werden, wenn dies zur Sicherung der Volksernährung erforderlich ist und der Kreisbauernführer dem Antrag zugestimmt hat. Der Inhalt der Anordnungen des Pachteinigungsamtes gilt unter den Parteien als vereinbart.

Den Pachtverträgen stehen Vereinbarungen gleich, die die Übertragung des Genusses der Erzeugnisse eines Grundstücks gegen Entgelt zum Gegenstande haben (vgl. hierzu § 1 Abs. III Preuß. Pachtschutzordnung, § 1 Pachtschutzgesetz, VO zur Ausdehnung der Preuß. Pachtschutzordnung auf Jagdpacht- und Fischereipachtverträge unter I).

b) Beschwerdestellen (Landgerichte).

α) Einrichtung: Die Landgerichte entscheiden über das Rechtsmittel der Rechtsbeschwerde und der Berufung durch eine Zivilkammer. Nur im Berufungsverfahren entscheidet die Zivilkammer zusätzlich mit einem Pächter und Verpächter als Beisitzer (§§ 41 ff. Preuß. Pachtschutzordnung). Im übrigen gelten über die Besetzung und Geschäftsverteilung keine Besonderheiten. Es kann daher auf die Ausführungen auf S. 16 verwiesen werden.

β) Zuständigkeit: Die Landgerichte sind zuständig zur Entscheidung über die Rechtsmittel:

1. der Rechtsbeschwerde, die nur darauf gestützt werden kann, daß die Entscheidung des Pachteinigungsamtes auf einer Verletzung des Gesetzes beruht (§§ 29 ff. Preuß. Pachtschutzordnung, § 1 der VO vom 22. X. 1936);

2. der Berufung, wenn der Jahrespachtzins über 500 RM beträgt.

c) Rechtsnatur — Verhältnis zu den ordentlichen Gerichten.

Die Pachteinigungsämter und die Beschwerdestellen sind keine Gerichte der streitigen Gerichtsbarkeit, aber auch keine Sondergerichte. Sie sind vielmehr Verwaltungsbehörden mit gerichtlicher Organisation, sowohl ihrem Gegenstand wie auch dem Verfahren nach[72].

Zur Entscheidung der zur Zuständigkeit der Pachteinigungsämter gehörenden Streitigkeiten können die ordentlichen Gerichte und Arbeitsgerichte nicht angerufen werden (§ 1 Abs. III Preuß. Pachtschutzordnung). Das Reichsgericht hat aber die Zuständigkeit der ordentlichen Gerichte bei Anträgen über die Verlängerung und Aufhebung der Pachtverträge sowie über die anderweite Festsetzung aus ihnen, wenn die Entscheidung nicht nach wirtschaftlichen Gesichtspunkten, sondern nach Rechtsgrundsätzen zu erfolgen hat, in mehreren Entscheidungen bejaht[73].

---

[72] Vgl. die Ausführungen des Preuß. Kompetenzgerichtshofes vom 28. X. 1922, abgedr. bei Wagemann-Marwitz, S. 352.

[73] RGZ Bd. 104 S. 218; Bd. 107 S. 151; Bd. 113 S. 310; a.A.: OLG Breslau in Pächterzeitschrift 24, 22.

Bei einem Zuständigkeitsstreit zwischen dem Pachteinigungsamt und einem ordentlichen Gericht kann der Kompetenzkonflikt erhoben werden[74].

B. Pachtsachen nach der Kleingarten- und Kleinpachtlandordnung (sogen. Kleingartenschiedsgerichte).

Schrifttum:

Kaisenberg: Kleingarten- und Kleinpachtlandordnung, Berlin 1924;
Sokolowski-Mirels: Das deutsche Kleingartenrecht, Berlin 1930;
Kaisenberg: Das landwirtschaftliche Pachtschutzrecht und die Kleingarten- und Kleinpacht-Landordnung, JW 1921 S. 503.

1. Allgemeines: Zur Entscheidung über Streitigkeiten, die den Pachtpreis und die Kündigung der Pachtverträge von Kleingärten betreffen (vgl. §§ 1—4 Kleingarten- und Kleinpachtlandordnung (KGO) vom 31. VII. 1919[75], sind die Mieteinigungsämter (Kleingartenschiedsgerichte), soweit die Landeszentralbehörden diese auf Grund des § 6 KGO dazu ermächtigt haben, und die unteren Verwaltungsbehörden der Länder zuständig. In Preußen sind die unteren Verwaltungsbehörden (der Landrat bzw. Oberbürgermeister) mit den obengenannten Aufgaben betraut[76]. Über die Zuständigkeit in den übrigen Ländern vgl. die Ausführungsbestimmungen und Erlasse bei Kaisenberg (KGO) S. 168.

Soweit die Mieteinigungsämter zur Entscheidung in Kleingartenangelegenheiten noch zuständig sind, hat es in organisatorischer Beziehung die Wirkung, daß der Vorsitzende des Mieteinigungsamtes zugleich der Vorsitzende des Pachteinigungsamtes ist und daß die Einrichtung des Mieteinigungsamtes (Geschäftsräume, Büropersonal) zugleich den Zwecken des Pachteinigungsamtes dient.

2. Zuständigkeit: Die Zuständigkeit der Pachteinigungsämter ergibt sich aus den Ermächtigungsanordnungen der Länder. In diesen Anordnungen haben die Länder gemäß § 6 Abs. I KGO von ihrem Recht, die Pachteinigungsämter zu den in den §§ 1—4 KGO der unteren Verwaltungsbehörde übertragenen Entscheidungen[77] zu ermächtigen, weitgehend Gebrauch gemacht. Die Einigungsämter sind danach zur Entscheidung zuständig, die den Pachtpreis und die Kündigung der Pachtverträge von Kleingärten[78], d. h. solchen Grundstücken, die zum Zwecke nicht gewerbsmäßiger gärtnerischer Nutzung verwendet werden (§ 1 KGO), betreffen. Das Pachteinigungsamt

---

[74] Vgl. die unter Anm. 72 angegebene Entscheidung des Kompetenzkonfliktsgerichtshofes mit den Ausführungen hierzu bei Wagemann-Marwitz: „Die Preußische Pachtschutzordnung" Berlin 1928, S. 352.

[75] RGBl. S. 1371.

[76] Vgl. den Erlaß d. Pr. Min. für WuA vom 24. VII. 1933 in MBlfWuA 1933, S. 415.

[77] Zu diesen Entscheidungen gehört nicht die Festsetzung von Pachtpreisen, s. Kaisenberg S. 118.

[78] Nach dem Gesetz zur Ergänzung der KGO vom 26. VI. 1935 (RGBl. S. 809) finden die Vorschriften der KGO auch auf solche Kleingärten Anwendung, in denen Lauben ständig zu Wohnzwecken benutzt werden (§ 1).

kann ferner, wenn es nach § 6 Abs. II KGO dazu ermächtigt ist, auf Anruf eines Pächters oder Entleihers über die Wirksamkeit einer Kündigung des Verpächters oder Verleihers entscheiden.

3. Verfahren: Auf das Verfahren vor den Pachteinigungsämtern finden nach § 6 Abs. III KGO die Vorschriften der Bekanntmachung zum Schutze der Mieter vom 23. IX. 1918[79] sowie die Bestimmungen der Anordnung für das Verfahren vor den Einigungsämtern vom 23. IX. 1918[80] entsprechende Anwendung. Sowohl die Mieterschutzbekanntmachung als auch die Verfahrensanordnung sind inzwischen aufgehoben[81]. Es mag deshalb zweifelhaft sein, ob angesichts des Wortlautes des § 6 Abs. III KGO für Kleingartenstreitigkeiten noch die alte Fassung der Mieterschutzbekanntmachung und der Verfahrensanordnung oder die neue Fassung des Mieterschutzgesetezes und die neue Verfahrensanordnung gelten[82]. Es muß letzteres angenommen werden, denn es widerspricht der Rechtslogik, aufgehobene Gesetze noch über ihre Aufhebung hinaus anzuwenden[83].

4. Rechtsnatur — Verhältnis zu anderen Behörden: Der über die Rechtsnatur der Kleingartenschiedsgerichte bestehende Streit ist vom Reichsgericht[84] in Übereinstimmung mit dem preußischen Gerichtshof für Kompetenzkonflikte[85] und dem Thüringischen Oberverwaltungsgericht[86] dahin entschieden, daß sie weder Sondergerichte sind, noch mit den Gerichten verglichen werden können, sondern daß sie Verwaltungsbehörden oder Verwaltungsstellen sind[87].

Für das Gericht sind die Entscheidungen des Kleingartenschiedsgerichts nur bindend, wenn es sich innerhalb seiner Zuständigkeit gehalten hat[88].

II. Tätigkeit der Amtsgerichte in Hinterlegungssachen.

Nach § 1 der Hinterlegungsordnung (HO) vom 10. März 1937[89] werden die Hinterlegungsgeschäfte von Hinterlegungsstellen und Hinterlegungskassen wahrgenommen. Die Aufgaben der Hinterlegungsstellen, die in der Verwahrung von Geld, Wertpapieren oder sonstigen Urkunden sowie Kostbarkeiten bestehen, sind den Amtsgerichten, die Aufgaben der Hinterlegungskassen, den Kassen der Justizverwaltung übertragen. Über die Hinterlegung bei der Reichsbank und den Staatsbanken vgl. §§ 27 ff. HO.

---

[79] RGBl. S. 1140.
[80] RGBl. S. 1146.
[81] Durch §§ 50 MSchG vom 1. VI. 1923, RGBl. S. 353.
[82] Vgl. die Ausführungen auf S. 28. Vgl. ferner die Ausführungen bei Sokolowski-Mirels, S. 233, u. Kaisenberg, S. 125.
[83] Vgl. Sokolowski-Mirels, S. 233.
[84] RGZ Bd. 107 S. 284.
[85] PrVBl. 42 S. 499.
[86] JW 1921 S. 1148.
[87] s. Sokolowski-Mirels, S. 209 ff.
[88] Vgl. die Ausführungen bei Sokolowski-Mirels, S. 219.
[89] RGBl. S. 285, vgl. ferner die amtl. Begr. in der DJ 1937, S. 423, und die AV des RJM vom 15. III. 1937; DJ S. 426.

Die Geschäfte der Hinterlegungsstellen nimmt ein Urkundsbeamter der Geschäftsstelle wahr; rechtlich schwierige Angelegenheiten soll er dem Richter zur Entscheidung vorlegen (§ 2 HO).

Beschwerden gegen die Entscheidungen der Hinterlegungsstellen werden im Aufsichtsweg erledigt. Wird die Änderung einer Entscheidung des Urkundsbeamten der Geschäftsstelle verlangt, so entscheidet, wenn dieser dem Verlangen nicht entspricht, der Richter; die Beschwerde ist erst gegen die Entscheidung des Richters gegeben. Über die Beschwerde entscheidet der Land- oder Amtsgerichtspräsident, dem die Dienstaufsicht zusteht; über die weitere Beschwerde gegen die Entscheidungen der Land- oder Amtsgerichtspräsidenten entscheidet der Oberlandesgerichtspräsident. Ist durch die Entscheidung des Oberlandesgerichtspräsidenten ein Antrag auf Herausgabe abgelehnt worden, so kann gegen das Reich Klage auf Herausgabe im ordentlichen Rechtsweg erhoben werden. Für die Klage ist ohne Rücksicht auf den Wert des Streitgegenstandes das Landgericht zuständig (§ 3 HO).

Bei den Hinterlegungssachen handelt es sich nicht um Geschäfte, die den Amtsgerichten im Rahmen der streitigen oder freiwilligen Gerichtsbarkeit obliegen, sondern um besondere Aufgaben, die nach ihrer Natur der Justizverwaltung angehören[90].

III. Besondere Zuständigkeit der Land- und Oberlandesgerichtspräsidenten.

Den Land- und Oberlandesgerichtspräsidenten sind außer den allgemeinen Aufgaben, die ihnen nach dem GVG und den Justizverwaltungsbestimmungen obliegen, durch besondere Vorschriften eine Reihe einzelner Zuständigkeiten übertragen worden.

1. Besondere Zuständigkeiten des Landgerichtspräsidenten.

Von den besonderen, dem Landgerichtspräsidenten übertragenen Aufgaben sind hervorzuheben:

a) Die gerichtliche Beglaubigung amtlicher Unterschriften zum Zwecke der Legalisation im diplomatischen Wege, soweit sie nicht vom Reichsminister der Justiz dem zur Führung der Aufsicht bei einem Amtsgericht berufenen Richter übertragen ist (§ 43 AG GVG)[91];

b) Die Entscheidung über die Erlaubnis zum mündlichen Verhandeln vor Gericht nach § 157 ZPO[92];

c) Die Befreiung von dem Ehehindernis des Ehebruches (§ 1312 BGB)[93];

---

[90] Vgl. die Ausführungen zu § 1 d. amtl. Begr. in der DJ 1937, S. 423.

[91] In d. Fass. des A 130 PrFGG (VI).

[92] AV des RJM vom 23. III. 1935, DJ S. 486.

[93] § 2 der Verordnung zur Vereinheitlichung der Zuständigkeit in Familien- und Nachlaßsachen vom 31. V. 1934, RGBl. S. 472.

d) Die Entscheidung über Gesuche auf Ehelichkeitserklärungen (§ 1723 BGB)[94];

e) Die Befreiung von den Ehehindernissen der Schwägerschaft und der Geschlechtsgemeinschaft (§ 1310 Abs. IV BGB)[95].

Nach § 13 der Verordnung vom 31. V. 1934 sind die in den Fällen c und d vorgesehenen Entscheidungen Verwaltungsentscheidungen. Das entsprechende gilt auch für die unter e vorgesehene Entscheidung.

2. Besondere Zuständigkeiten des Oberlandesgerichtspräsidenten.

Von den besonderen, dem Oberlandesgerichtspräsidenten übertragenen Aufgaben sind hervorzuheben:

a) Die Befreiung von dem Ehefähigkeitszeugnis für Ausländer[96];

b) Die Befreiung von den Ehehindernissen der Schwägerschaft und der Geschlechtsgemeinschaft, wenn einer der Beteiligten die Reichsangehörigkeit nicht besitzt oder wenn die Verschwägerten die Ehe unter Verletzung des § 1310 BGB bereits geschlossen haben[97];

c) Die Entscheidung, die dem Reichsminister der Justiz oder einer Justizverwaltung in der Verordnung zur Vereinheitlichung der Zuständigkeit in Familien- und Nachlaßsachen von 31. V. 1934 und in den Durchführungsbestimmungen vom 27. VII. 1934 zugewiesen war, z. B. die Entscheidung bestimmter Art von den Ehehindernissen des Ehebruchs usw.[98].

IV. Sonstiges — Verweisungen.

1. Bei den Amtsgerichten sind ferner die Anerbengerichte gebildet (s. S. 43).

Den Amtsgerichten sind außerdem die Erbgesundheitsgerichte angegliedert (s. S. 49).

2. Bei den Landgerichten sind die Landesarbeitsgerichte errichtet (s. S. 39).

3. Bei den Oberlandesgerichten sind die Erhofgerichte gebildet (außer Preußen) (s. S. 44).

Den Oberlandesgerichten sind die Erbgesundheitsobergerichte angegliedert (s. S. 50).

Bei den Oberlandesgerichten werden die diesen als Fideikommiß- und Fideikommißauflösungsbehörden obliegenden Geschäfte von einem Zivilsenat erledigt (s. S. 47).

4. Beim Reichsgericht ist das Reichsarbeitsgericht errichtet (s. S. 39).

---

[94] § 10 der VO vom 31. V. 1934 (s. Anm. 93).

[95] § 1 der ersten Durchf.VO zum Gesetz über die Änderung u. Ergänzung familienrechtl. Vorschriften ... vom 23. IV. 1938, RGBl. S. 417.

[96] § 4 der VO vom 31. V. 1934 (Anm. 93).

[97] § 1 Abs. IV der ersten Durchf.VO vom 23. IV. 1938 (Anm. 95).

[98] Art. 1 der VO vom 17. V. 1935 (RGBl. S. 682).

II. Abschnitt.

Besondere Streitgerichte und besondere Behörden der Freiwilligen Gerichtsbarkeit.

Vorbemerkung. Angelegenheiten der streitigen und freiwilligen Gerichtsbarkeit sind neben den ordentlichen Gerichten auch anderen Gerichten und Behörden übertragen, und zwar:

1. den sogen. besonderen Gerichten.

Besondere Gerichte gibt es sowohl für Angelegenheiten der streitigen als auch für Angelegenheiten der freiwilligen Gerichtsbarkeit. Besondere Streitgerichte sind z. B. die Arbeitsgerichte und besondere Gerichte der freiwilligen Gerichtsbarkeit z. B. die Anerbengerichte.

Die Unterscheidung von besonderen Gerichten der streitigen und der freiwilligen Gerichtsbarkeit bezieht sich zunächst auf das Verfahren, d. h. darauf, ob die Grundsätze des streitigen Verfahrens, also der ZPO oder des RFGG zur Anwendung kommen. Unterscheidet man aber beide Gebiete nicht nach den Verfahrensgrundsätzen, sondern nach dem Gegenstand, so ist die Einteilung schwieriger; z. B. entscheiden die Anerbengerichte auch über echte Streitigkeiten, ähnlich liegt es bei den Fideikommißbehörden.

2. Sonstige Stellen.

Neben den gerichtsförmig organisierten besonderen Behörden sind auch Verwaltungsstellen mit Angelegenheiten der FG betraut.

Mit Rücksicht auf diese Sachlage ist die Überschrift gewählt, ohne daß es für die Zwecke dieser Darstellung notwendig wäre, die aufgeworfenen Fragen nach dem materiellen und formellen Unterschied der streitigen und freiwilligen Gerichtsbarkeit näher zu erörtern.

A. Arbeitsgerichtsbarkeit.

I. Arbeitsgerichtsbehörden.

Schrifttum:

Nikisch: Arbeitsrecht (II. Bd.), Tübingen 1938;
Herschel: Neues Arbeitsrecht, Leipzig 1937;
Dersch-Volkmar: Arbeitsgerichtsgesetz, Mannheim 1934;
Pracht: Kommentar zum Arbeitsgerichtsgesetz, Berlin 1934;
Seibertz: „Arbeitsgerichtsbarkeit“ in „Das Recht der Deutschen Arbeit“, Heft 7, München 1934.

Die Rechtsgrundlagen für die Einrichtung und Zuständigkeit der Arbeitsgerichtsbehörden und die Regelung des Verfahrens enthalten in der Hauptsache das Arbeitsgerichtsgesetz[99], die Verordnung über die Zuständigkeit bei der Errichtung und Verwaltung der Arbeitsgerichtsbehörden[100] und die Verordnung über die Änderung in der Gliederung von Arbeitsgerichtsbehörden[101].

Arbeitsgerichtsbehörden sind die Arbeitsgerichte, die Landesarbeitsgerichte und das Reichsarbeitsgericht.

A. Einrichtung:

I. der Arbeitsgerichte (§§ 14—32 AGG).

Die Arbeitsgerichte sind selbständige Gerichte; sie sind nicht Teile der Amtsgerichte, was freilich nicht hindert, daß in vielen Fällen der Vorsitzende des Arbeitsgerichts zugleich Richter des Amtsgerichts ist. Die Arbeitsgerichte sind entweder für den Bezirk eines Amtsgerichts, für den Bezirk mehrerer Amtsgerichte oder für Teile eines Amtsgerichtsbezirks errichtet[102].

1. Besetzung: Die Arbeitsgerichte bestehen aus der erforderlichen Anzahl von Vorsitzenden und Beisitzern. Die Beisitzer werden je zur Hälfte aus den Kreisen der Unternehmer und der Beschäftigten entnommen.

Bei den Arbeitsgerichten sind in der Regel Sonderkammern für die Streitigkeiten der Arbeiter und Angestellten gebildet; es können außerdem besondere Fachkammern für die Streitigkeiten bestimmter Berufe und Gewerbe gebildet werden. Dies muß geschehen für Streitigkeiten des Handwerks (Handwerksgerichte). Die Kammern werden in der Besetzung mit einem Vorsitzenden und je einem Beisitzer der Unternehmer und Beschäftigten tätig.

Die Vorsitzenden und stellvertretenden Vorsitzenden sind in der Regel ordentliche Richter. Es ist für sie besonders bestimmt, daß sie neben der allgemeinen Befähigung zum Richteramt auch Kenntnisse und Erfahrungen auf arbeitsrechtlichem und sozialem Gebiet besitzen sollen. Sie werden mindestens für ein Jahr und höchstens für neun Jahre bestellt; erst nach mindestens dreijähriger Amtsdauer können sie als hauptamtliche Vorsitzende auf Lebenszeit ernannt werden (§ 18 AGG). Die Vorsitzenden und die stellvertretenden Vorsitzenden haben die Rechte und Pflichten richterlicher Beamten (§ 19 AGG).

Die Beisitzer, die je zur Hälfte aus den Kreisen der Unternehmer und Beschäftigten entnommen werden, werden von der höheren Verwaltungsbehörde im Einvernehmen mit dem Präsidenten des Landgerichts auf die Dauer von drei Jahren berufen. Die Berufung erfolgt auf Grund von Vorschlagslisten, die von der

---

[99] In d. Fass. vom 10. IV. 1934, RGBl. S. 319 mit den bish. erg. Änd., s. bei Dehlinger (1938) E I.

[100] Vom 5. XII. 1935, RGBl. S. 1428.

[101] Vom 28. XII. 1936 RGBl. 1937 S. 9, vom 8. VI. 1937, RGBl. S. 622.

[102] Vgl. die weiteren Möglichkeiten der Errichtung der Arbeitsgerichte bei § 14 AGG.

Deutschen Arbeitsfront und von den im § 22 Abs. II AGG bezeichneten Körperschaften (z. B. Reich, Länder, Gemeinden, Gemeindeverbänden) eingereicht werden (§ 20 AGG). Das Amt des Beisitzers ist ein Ehrenamt (§ 25 AGG).

2. Geschäftsverteilung. Die Geschäftsverteilung erfolgt durch den Amts- oder Landgerichtspräsidenten (§ 5 des Gesetzes über die Geschäftsverteilung vom 24. XI. 1937)[103].

II. Der Landesarbeitsgerichte (§§ 33—39 AGG).

Die Landesarbeitsgerichte sind bei den Landgerichten errichtet. Sie können gemäß § 33 AGG auch für den Bezirk mehrerer Landgerichtsbezirke errichtet werden. Von diesem Recht ist weitgehend Gebrauch gemacht worden. In ihrem Aufbau sind die Landesarbeitsgerichte in weitem Umfang dem Aufbau der Arbeitsgerichte nachgebildet, sie sind allerdings insofern stärker in die ordentliche Gerichtsorganisation eingegliedert, als sie nicht als selbständige Gerichte, sondern als ein Teil der Landgerichte errichtet sind.

1. Besetzung: Das Landesarbeitsgericht besteht aus der erforderlichen Anzahl von Vorsitzenden und Beisitzern. Die Beisitzer werden je zur Hälfte aus den Kreisen der Unternehmer und Beschäftigten entnommen.

Bei den Landesarbeitsgerichten sind in der Regel Kammern gebildet, die in der Besetzung mit einem Vorsitzenden, einem Unternehmer- und einem Arbeiter- oder Angestelltenbeisitzer tätig werden. Im übrigen stehen die Kammern den Zivilkammern des Landgerichts im Sinne des GVG gleich.

Der Vorsitzende wird aus den Direktoren oder ständigen Mitgliedern des Landgerichts berufen. Befindet sich das Landesarbeitsgericht am Sitze eines Oberlandesgerichts, so kann auch ein Oberlandesgerichtsrat berufen werden. In der Regel sind Landgerichtsdirektoren die Vorsitzenden des Landesarbeitsgerichts. Die Berufung der Richter erfolgt für die Dauer der Zugehörigkeit zum Landgericht oder Oberlandesgericht.

Die Beisitzer müssen das 30. Lebensjahr vollendet haben und sollen mindestens drei Jahre Beisitzer einer Arbeitsgerichtsbehörde gewesen sein.

2. Geschäftsverteilung: Die Geschäftsverteilung erfolgt durch den Landgerichtspräsidenten (§ 5 des Gesetzes vom 24. XI. 1937)[104].

III. Des Reichsarbeitsgerichts (§§ 40—45 AGG).

Das Reichsarbeitsgericht ist beim Reichsgericht errichtet. Es ist organisatorisch dem Reichsgericht eingegliedert. Die beim Reichsarbeitsgericht gebildeten Senate stehen den Zivilsenaten des Reichsgerichts im Sinne des GVG gleich (§ 41 Abs. III AGG). Dies hat seine besondere Bedeutung für die Einholung der sog. Plenarentscheidungen (vgl. § 136 GVG).

---

[103] RGBl. I S. 1286.
[104] Siehe [103].

Das Reichsarbeitsgericht besteht aus der erforderlichen Zahl von Senatspräsidenten, Reichsgerichtsräten und nichtrichterlichen Beisitzern. Die Senate entscheiden in der Besetzung von drei gelehrten Richtern und zwei Beisitzern. Die nichtrichterlichen Beisitzer müssen das 35. Lebensjahr vollendet haben und sollen längere Zeit als Unternehmer oder Beschäftigte tätig gewesen sein. Sie werden vom Reichsarbeitsminister im Einvernehmen mit dem Reichsjustizminister auf die Dauer von drei Jahren berufen.

B. Zuständigkeit:

I. der Arbeitsgerichte (§§ 2 und 3 AGG).

Die Arbeitsgerichte sind unter Ausschluß der ordentlichen Gerichte ohne Rücksicht auf den Wert des Streitgegenstandes zuständig:

1. für bürgerliche Rechtsstreitigkeiten zwischen Unternehmern und Beschäftigten aus dem Arbeits- oder Lehrverhältnis, über das Bestehen oder Nichtbestehen eines Arbeits- oder Lehrvertrages, aus Verhandlungen über die Eingehung eines Arbeits- oder Lehrverhältnisses und aus dessen Nachwirkungen, sowie für bürgerliche Rechtsstreitigkeiten aus unerlaubten Handlungen, soweit diese mit dem Arbeits- oder Lehrverhältnis im Zusammenhang stehen;

2. für bürgerliche Rechtsstreitigkeiten zwischen Beschäftigten aus gemeinsamer Arbeit und aus unerlaubten Handlungen, soweit diese mit dem Arbeits- und Lehrverhältnis im Zusammenhang stehen. Ausgenommen sind Streitigkeiten, deren Gegenstand die Erfindung eines Beschäftigten bildet, soweit es sich nicht nur um Ansprüche auf eine Vergütung oder Entschädigung für die Erfindung handelt und Streitigkeiten der nach § 481 HGB zur Schiffsbesatzung gehörenden Personen.

Die Zuständigkeit kann nach § 3 AGG über den obligatorischen Aufgabenkreis des § 2 AGG ausgedehnt werden. Es kann nämlich auch dann Klage vor dem Arbeitsgericht erhoben werden, wenn der Anspruch mit einer bei den Arbeitsgerichten anhängigen oder gleichzeitig anhängig werdenden bürgerlichen Rechtsstreitigkeit der im § 2 bezeichneten Art in rechtlichem oder unmittelbar wirtschaftlichem Zusammenhang steht und für seine Geltendmachung nicht eine ausschließliche Zuständigkeit gegeben ist. Auf Grund einer Vereinbarung können auch bürgerliche Rechtsstreitigkeiten zwischen juristischen Personen des privaten Rechts und ihren gesetzlichen Vertretern vor die Arbeitsgerichte gebracht werden (§ 3 Abs. II AGG).

II. der Landesarbeitsgerichte (§ 64 AGG).

Das Landesarbeitsgericht ist zuständig zur Entscheidung über das Rechtsmittel der Berufung, wenn der Wert des Streitgegenstandes den Betrag von RM 300.— übersteigt oder wenn das Arbeitsgericht die Berufung wegen der grundsätzlichen Bedeutung des Rechtsstreits zugelassen hat; es ist außerdem zuständig zur Entscheidung über das Rechtsmittel der Beschwerde gegen die Entscheidungen der Arbeitsgerichte.

III. des Reichsarbeitsgerichts (§ 72 AGG).

Das Reichsarbeitsgericht ist zuständig zur Entscheidung über das Rechtsmittel der Revision gegen die Entscheidungen der Landesarbeitsgerichte, wenn der Wert des Streitgegenstandes die in der ordentlichen bürgerlichen Gerichtsbarkeit geltende Revisionsgrenze (RM 6000.—) übersteigt oder wenn das Landesarbeitsgericht die Revision wegen der grundsätzlichen Bedeutung des Rechtsstreits zugelassen hat.

C. Verfahren (§§ 46 ff. AGG).

Die Arbeitsgerichtsbarkeit gehört zur streitigen Gerichtsbarkeit. Demgemäß richtet sich das Verfahren vor den Arbeitsgerichtsbehörden nach dem allgemeinen Zivilprozeßverfahren. Abweichungen gelten nur, soweit sie ausdrücklich im AGG bestimmt sind. Sie betreffen allgemeine Prozeßgrundsätze, Verbilligung des Verfahrens und eine Reihe von Einzelheiten im Gang des Verfahrens. Zu dem Verfahren vor den Arbeitsgerichtsbehörden rechnet das Gesetz das eigentliche Spruchverfahren in den drei Instanzen, das Beschwerdeverfahren vor dem Landesarbeitsgericht und dem Reichsarbeitsgericht und die Wiederaufnahme des Verfahrens.

Über die Prozeßvertretung bestimmt § 11 AGG, daß vor den Arbeitsgerichten Personen, die die Besorgung fremder Rechtsangelegenheiten vor Gericht geschäftsmäßig, wenn auch ohne Gewinnabsicht betreiben, als Prozeßbevollmächtigte oder Beistände ausgeschlossen sind. Hiervon bestehen jedoch folgende Ausnahmen:

1. für die Leiter und Angestellten der Rechtsberatungsstellen der DAF., soweit sie nicht als „Nichtrechtsanwälte" daneben noch fremde Rechtsangelegenheiten vor Gericht geschäftsmäßig besorgen;

2. für Rechtsanwälte, die im Einzelfall von der DAF. zur Vertretung einer Partei ermächtigt sind;

3. für Rechtsanwälte oder andere geeignete Personen, die im Falle, daß eine Vertretung der Partei durch die DAF. nicht in Betracht kommt, vom Vorsitzenden des Arbeitsgerichts zugelassen werden.

Vor den Landesarbeitsgerichten und dem Reichsarbeitsgericht besteht Anwaltszwang. Vertretungsberechtigt ist jeder bei einem deutschen Gericht zugelassene Anwalt (§ 11 Abs. II AGG).

D. Rechtsnatur — Verhältnis zu anderen Behörden.

Die Arbeitsgerichte sind besondere Streitgerichte.

Im Verhältnis zu den Verwaltungsbehörden kommt den Arbeitsgerichten die sogen. Kompetenzkompetenz zu. Ein Grund, diese nur den ordentlichen Gerichten beizulegen, ist aus dem Wortlaut des § 17 GVG nicht ersichtlich. Die Zulässigkeit des Kompetenzkonflikts hängt davon ab, ob nach dem maßgebenden Landesrecht der

Kompetenzkonflikt nur im Verhältnis zu den ordentlichen Gerichten oder auch zu den besonderen Gerichten zugelassen ist.

Im Verhältnis der Arbeitsgerichte zu den ordentlichen Gerichten ist es bestritten, ob die Arbeitsgerichte ihre Zuständigkeit mit bindender Kraft gegenüber den ordentlichen Gerichten feststellen können[105].

II. Innungsausschüsse für Lehrlingsstreitigkeiten.

Schrifttum:

Zee-Heräus-Homann: Das Handwerk, Hamburg 1936;
Rohlfing: Lehrlingsrecht in „Das Recht der Deutschen Arbeit", Heft 11 München 1933.

Grundsätzlich ist für Ansprüche einer Lehrvertragspartei gegen die andere Lehrvertragspartei die Zuständigkeit des Arbeitsgerichts gegeben. Eine Ausnahme besteht jedoch für Rechtsstreitigkeiten zwischen den Handwerkslehrlingen und ihren Handwerksmeistern und umgekehrt; in diesen Fällen ist zunächst der Innungsausschuß für Lehrlingsstreitigkeiten zur Entscheidung über den Rechtsstreit zuständig. Erst wenn der von diesem Ausschuß gefällte Schiedsspruch nicht von beiden Parteien anerkannt wird, kann die Klage vor dem Arbeitsgericht erhoben werden.

Die Rechtsgrundlage für die Einrichtung und Zuständigkeit der Innungsausschüsse für Lehrlingsstreitigkeiten enthält die erste Verordnung über den vorläufigen Aufbau des deutschen Handwerks vom 15. VI. 1934[106] im § 44.

A. Einrichtung.

Der Innungsauschuß für Lehrlingsstreitigkeiten ist bei den Innungen, die in der Kreishandwerkerschaft zusammengeschlossen sind, gebildet. Der Innungsauschuß ist mit dem Vorsitzenden und den Ausschußmitgliedern besetzt. Die Ausschußmitglieder bestehen in gleicher Zahl aus Betriebsführern und Mitgliedern des Gesellenbeirates. Sie werden durch den Obermeister bestellt[107]. Im übrigen enthält die Satzung nähere Bestimmungen über die Einrichtung.

Die Innung ist berechtigt, die Geschäftsführung des Ausschusses der Kreishandwerkerschaft am Sitz der Innung zu übertragen und mit anderen Innungen gemeinsam einen Vorsitzenden zu bestellen[108].

B. Zuständigkeit.

Die Ausschüsse sind zuständig für die Verhandlung von Streitigkeiten zwischen selbständigen Handwerkern und ihren Lehrlingen. Bei diesen Streitigkeiten handelt es sich um solche aus dem Lehrverhältnis.

---

[105] Vgl. auch § 48 AGG und die Ausführungen bei Baumbach, Einführung 2 vor § 12 GVG.

[106] RGBl. S. 493 i. V. mit dem Gesetz über den vorläufigen Aufbau des deutschen Handwerks vom 29. XI. 1933, RGBl. S. 1015 (§§ 1, 5).

[107] Vgl. § 31 der Mustersatzung, abgedr. bei Zee-Heräus-Homann.

[108] Vgl. § 31 Abs. V der Mustersatzung und § 56 Abs. I der VO.

C. *Verfahren.*

Die Regelung des Verfahrens ist im einzelnen durch Satzungen getroffen. Im übrigen bestimmt der Ausschuß das Verfahren nach freiem Ermessen, wobei die allgemeinen Prozeßrechtsgrundsätze zur Anwendung zu bringen sind[109]. Das Verfahren endet entweder mit einem Vergleich oder einem Schiedsspruch. § 44 Abs. II der VO vom 15. VI 1934 bestimmt, daß binnen zwei Wochen nach ergangenem Spruch Klage beim zuständigen Arbeitsgericht erhoben werden kann, wenn der Spruch nicht innerhalb einer Woche von beiden Parteien anerkannt wird. Der Klage muß in allen Fällen die Verhandlung vor dem Ausschuß vorangegangen sein.

D. *Rechtsnatur.*

Ihrer Rechtsnatur nach sind die Ausschüsse je nach ihrer Tätigkeit Gütestellen oder Schiedsgerichte (vgl. die Darstellung über die Gütestellen der Innungen auf S. 134).

B. Anerbenbehörden.

Schrifttum:

Vogels: Reichserbhofgesetz, 4. Aufl., Berlin 1937, mit ausführlicher Literaturangabe auf S. 16;
Hopp: Erbhofrechtsverordnung und Erbhofverfahrensordnung, Berlin 1937.

Die Anerbenbehörden sind die Anerbengerichte, die Erbhofgerichte und das Reichserbhofgericht. Sie sind zur Erledigung der besonderen richterlichen Aufgaben, die sich aus dem Erbhofrecht ergeben, bestellt.

Die Rechtsgrundlagen für die Einrichtung und Zuständigkeit der Anerbenbehörden und das Verfahren vor diesen enhalten das Reichserbhofgesetz[110], die Erbhofrechtsverordnung[111], die Erbhofverfahrensordnung[112] sowie die Ausführungsvorschriften des Reiches und der Länder[113].

I. Einrichtung:

1. der Anerbengerichte.

(§§ 41, 44 EHG, §§ 1—4 EHVfO)

Die Anerbengerichte werden durch den Reichsminister der Justiz bei den Amtsgerichten gebildet und sind hinsichtlich der Verwaltung und Dienstaufsicht Teile der Amtsgerichte. Ihr Bezirk umfaßt einen oder mehrere Amtsgerichtsbezirke; im ganzen bestehen z. Zt. 1550 Anerbengerichte[114].

---

[109] Rohlfing, Lehrlingsrecht, S. 49 ff.
[110] Vom 29. IX. 1933, RGBl. S. 685.
[111] Vom 21. XII. 1936, RGBl. S. 1069 (EHRV).
[112] Vom 21. XII. 1936, RGBl. S. 1082 (EHVfO).
[113] S. die Zusammenstellung bei Vogels auf S. 129 und S. 164.
[114] Vogels, S. 523.

Die Anerbengerichte entscheiden in der Besetzung von einem Richter als Vorsitzenden, der mit bäuerlichen Erbgewohnheiten vertraut sein muß, und mit Bauern als Beisitzer. Der Vorsitzende und sein ständiger Vertreter werden vom Reichsminister der Justiz ernannt, und zwar regelmäßig für die Dauer des Kalenderjahres[115]. Die Beisitzer werden von den Oberlandesgerichtspräsidenten, dem in Justizverwaltungssachen das Amtsgericht, bei dem das Anerbengericht gebildet ist, untersteht, auf Vorschlag des Landesbauernführers für drei Jahre bestellt (§ 2 EHVfO).

Die Geschäfte bei den Anerbengerichten verteilt der Amtsgerichts- oder Landgerichtspräsident (§ 5 des. Ges. vom 24. XI. 1937).

2. der Erbhofgerichte.
(§ 43 EHG., §§ 4 ff. EHVfO)

Die Erbhofgerichte werden durch den Reichsminister der Justiz bei den Oberlandesgerichten gebildet. Ihr Gerichtsbezirk umfaßt entweder ein Land oder ein Teil eines Landes oder mehrere Länder. Für das Land Preußen ist ein selbständiges Erbhofgericht in Celle errichtet[116]. Im ganzen Reich bestehen 15 Erbhofgerichte[117].

Die Erbhofgerichte entscheiden in der Besetzung von einem Richter als Vorsitzenden, zwei weiteren Richtern und zwei Bauern (Erbhofrichter). Der Reichsminister der Justiz ernennt die Vorsitzenden und richterlichen Beisitzer. Die bäuerlichen Beisitzer werden auf Vorschlag des Reichsbauernführers auf drei Jahre vom Präsidenten des Oberlandesgerichts bestellt, bei dem das Erbhofgericht gebildet ist. Der Präsident des Landeserbhofgerichts Celle ernennt die bäuerlichen Beisitzer für dieses Gericht[118].

Die Geschäftsverteilung bestimmt sich nach § 5 des Gesetzes über die Geschäftsverteilung vom 24. XI. 1937. Bei den Oberlandesgerichten verteilt der Oberlandesgerichtspräsident die Geschäfte, beim Landeserbhofgericht Celle der Präsident dieses Gerichts[119].

3. des Reichserbhofgerichts.
(§ 47 EHG, §§ 6 ff. EHVfO)

Das Reichserbhofgericht ist beim Reichsministerium für Ernährung und Landwirtschaft in Berlin gebildet; Präsident des Gerichts ist der Reichsernährungsminister. Der Vizepräsident wird auf Vorschlag des Reichsernährungsministers und des Reichsministers der Justiz vom Führer und Reichskanzler ernannt.

Das Reichserbhofgericht besteht aus drei Senaten[120]. Jeder Senat entscheidet in der Besetzung mit einem Vorsitzenden, zwei beamteten Beisitzern und zwei bäuerlichen Beisitzern (Reichserbhofrichter). Den Vorsitz führt der Präsident, der Vizepräsident oder ein Senats-

---

[115] Ueber die Ernennung vgl. AVRJM vom 27. IV. 1935, DJ S. 654.
[116] Vgl. § 66 der I. Durchf.VO vom 19. X. 1933, RGBl. S. 760.
[117] Vogels, S. 527.
[118] AV vom 27. IV. 1935, DJ S. 654, näheres bei § 4 EHVfO.
[119] Pr. Ausf. Ges. zum EHG vom 26. X. 1933, GS S. 384.
[120] Vogels, S. 535.

präsident. Die Senatspräsidenten und die beamteten Beisitzer, die die Befähigung zum Richteramt haben müssen, werden vom Reichsernährungsminister im Einvernehmen mit dem Reichsminister der Justiz vorgeschlagen und vom Führer und Reichskanzler ernannt. Die bäuerlichen Beisitzer werden auf Vorschlag des Reichsbauernführers vom Reichsernährungsminister auf die Dauer von drei Jahren ernannt[121].

Die Geschäftsverteilung auf die einzelnen Senate erfolgt durch den Präsidenten[122].

Zur Wahrung einer einheitlichen Rechtsprechung ist beim Reichserbhofgericht ein großer Senat gebildet (§ 7 EHVfO), der aus dem Präsidenten oder Vizepräsidenten als Vorsitzenden, vier beamteten Mitgliedern und vier Reichserbhofrichtern als Beisitzer besetzt ist.

II. Zuständigkeit.

Die Anerbenbehörden sind nur für diejenigen Aufgaben zuständig, die ihnen gesetzlich ausdrücklich überwiesen sind, und zwar durch das Reichserbhofgesetz und die beiden Verordnungen.

Es sind ihnen folgende Aufgaben übertragen[123]:

1. Die Führung der Erbhofrolle: § 52 REG, §§ 34ff. EHVfO;
2. die Entscheidung über die Erbhofeigenschaft (§ 10 REG), Rassereinheit (§ 13), Bauernfähigkeit (§ 18), siehe auch §§ 1, 17, 18 EHRV;
3. die Entscheidung über den Antrag auf Abmeierung (§ 15 EHG, §§ 73ff. EHVfO);
4. die Mitwirkung bei der Bestimmung des Anerben (§ 21 Abs. III EHG);
5. die Regelung der Verwaltung und Nutznießung des überlebenden Ehegatten (§ 22 EHRV);
6. die Regelung von Streitigkeiten über die Versorgungsansprüche (§ 32 EHG, § 36 EHRV) und über die Verteilung von Nachlaßverbindlichkeiten bei Austausch eines Hofes (§ 22 EHG) und bei einer Mehrheit von Höfen (§ 36 EHG);
7. die Entscheidung über Veräußerung, Belastung, Verpachtung oder Teilung eines Erbhofes (§ 37 REG, §§ 27ff. EHRV);
8. Entgegennahme von Erklärungen über den Austausch eines Hofes (§ 22 EHG), über die Wahl zwischen mehreren Höfen (§ 23 EHG) usw.;
9. die Mitwirkung der Anerbenbehörden ist vorgesehen in dem Gesetz über den Bau der Saaletalsperre bei Hohenwarte vom 13. II. 1935 (RGBl. S. 189: § 2 Abs. II, § 6 Abs. II und § 13 Abs. I).

---

121 Vgl. über die Stellung der beamteten Mitglieder: § 6 EHVfO.

122 Vgl. die Anweisung für den Geschäftsgang des Reichserbhofgerichts vom 2. V. 1934, RMBl. S. 400, DJ S. 594.

123 Vogels, S. 518.

Die Anerbengerichte entscheiden in erster Instanz über alle den Anerbenbehörden überwiesenen Angelegenheiten. Die Erbhofgerichte entscheiden über das Rechtsmittel der sofortigen Beschwerde gegen die Entscheidungen der Anerbengerichte (§ 48 REG). Das Reichserbhofgericht entscheidet über das Rechtsmittel der sofortigen weiteren Beschwerde gegen die Entscheidungen der Erbhofgerichte (§ 48 EHG). Die Beschwerde und sofortige Beschwerde müssen binnen zwei Wochen seit Bekanntmachung der Entscheidung eingelegt werden.

Örtlich zuständig ist das Anerbengericht, in dessen Bezirk sich der Erbhof befindet (§ 42 REG).

III. Verfahren (§ 46 REG, §§ 11 ff. EHVfO).

Allgemeine Vorschriften über das Verfahren vor den Anerbenbehörden enthält die Erbhofverfahrensordnung in den §§ 1 ff. Die Vorschriften des RFGG sind sinngemäß anzuwenden, soweit nicht im Reichserbhofgesetz oder in der Verfahrensordnung etwas anderes bestimmt ist.

IV. Rechtsnatur — Verhältnis zu anderen Behörden.

Die Aufgaben der Anerbenbehörden liegen nicht ausschließlich auf dem Gebiet der freiwilligen Gerichtsbarkeit; sie haben nämlich auch über Angelegenheiten der streitigen Gerichtsbarkeit zu entscheiden oder Geschäfte der reinen Verwaltung zu erledigen. Die Aufgaben der Anerbenbehörden liegen auf der Grenze zwischen richterlicher und Verwaltungstätigkeit[124].

Ausdrückliche Bestimmungen über ihre staatliche Rechtsstellung fehlen. Maßgebend für die Fähigkeit zur Ausübung des Richteramtes und für die Stellung der Richter sind das GVG mit den Ausführungsbestimmungen[125].

An sich ist die Zuständigkeit der Anerbenbehörden eine ausschließliche (§ 40 Abs. II REG). Soweit Vorfragen über Anerbenangelegenheiten vor den ordentlichen Gerichten auftauchen, haben diese das Verfahren bis zur Entscheidung der Anerbenbehörden auszusetzen[126].

C. Fideikommißgerichte.

Schrifttum:

Pfundtner-Neubert: Das neue Deutsche Reichsrecht II, Rechtspflege, b 42.

Mit der Überleitung der Rechtspflege auf das Reich ist diesem auch die Durchführung der Restaufgaben der Fideikommißauflösung zugeteilt. Um diese Aufgabe in zweckentsprechender Weise zu lösen, war es erforderlich, die vielgestaltige und unübersichtliche Behördenzuständigkeit auf dem Gebiete des Fideikommißwesens zu beseitigen

[124] Vgl. Vogels, S. 515.
[125] Vgl. die Ausführungen auf S. 20 u. 21.
[126] Vgl. Vogels, S. 517.

und die noch zu erledigenden Restaufgaben in die Hand einiger Reichsbehörden zu legen. Dem trägt das neue Gesetz von 1935 Rechnung. Danach sind zu Fideikommiß- und Fideikommißauflösungsbehörden erster Instanz einheitlich im gesamten Reichsgebiet die Oberlandesgerichte bestimmt. Als Rechtsmittelinstanz besteht das Oberste Fideikommißgericht beim Reichsjustizministerium.

Die Einrichtung und Zuständigkeit der Fideikommißgerichte beruhen auf dem Gesetz zur Vereinheitlichung der Fideikommißauflösung vom 26. VI. 1935[127] und der Durchführungsverordnung zu diesem Gesetz vom 24. VIII. 1935[128] [129].

I. Einrichtung:

1. der Fideikommißsenate bei den Oberlandesgerichten.

Fideikommiß- und Fideikommißauflösungsbehörden erster Instanz sind die Oberlandesgerichte. Die diesen obliegenden Geschäfte werden von einem Zivilsenat erledigt (Fideikommißsenat). Der Reichsminister der Justiz kann einem Oberlandesgericht die Zuständigkeiten eines anderen Oberlandesgerichtsbezirks ganz oder teilweise übertragen. Von diesem Recht hat er in § 36 der Durchf.VO Gebrauch gemacht; danach ist an Stelle des Oberlandesgerichts Frankfurt a. M. das Oberlandesgericht Kassel und an Stelle des Oberlandesgerichts Köln das Oberlandesgericht Düsseldorf Fideikommiß- und Fideikommißauflösungsbehörde.

Die Fideikommißsenate entscheiden in der Besetzung von drei Mitgliedern.

2. des Obersten Fideikommißgerichts.

Das Oberste Fideikommißgericht ist als Rechtsmittelinstanz beim Reichsjustizministerium gebildet. Die Mitglieder einschließlich des Vorsitzenden (Präsidenten) und ihres Stellvertreters ernennt der Reichsminister der Justiz nebenamtlich aus der Zahl der im Reichsjustizministerium beschäftigten, zum Richteramt befähigten Beamten.

Das Oberste Fideikommißgericht entscheidet in der Besetzung von drei Mitgliedern einschließlich des Vorsitzenden. In sämtlichen Fällen können zu den Beratungen sachkundige Personen hinzugezogen werden (§ 2 d. Ges. und § 6 der Durchf.VO).

Das Oberste Fideikommißgericht gilt hinsichtlich der Verwaltung, Dienstaufsicht und des Geschäftsganges als Teil des Reichsjustizministeriums (§ 1 der Durchf.VO).

II. Zuständigkeit:

1. der Fideikommißsenate.

Bei den Fideikommißsenaten sind alle Zuständigkeiten mit Ausnahme der Zuständigkeiten der Rechtsmittelbehörden und der mi-

[127] RGBl. S. 785.

[128] RGBl. S. 1103; vgl. hierzu die AVRJM vom 24. VIII. 1935, DJ S. 1254.

[129] Nach § 32 des Gesetzes über das Erlöschen der Familienfideikommisse und sonstiger gebundener Vermögen vom 6. VII. 1938 (RGBl. S. 825) ist in der Gerichtsorganistaion nichts geändert.

nisteriellen Zuständigkeiten (§§ 2 und 3 des Gesetzes) zusammengefaßt, und zwar hat jedes Oberlandesgericht außer den erstinstanzlichen Zuständigkeiten, die es bisher schon auf Fideikommißrechtsgebieten hatte, die Zuständigkeiten aller erstinstanzlichen Fideikommiß- und Fideikommißauflösungsbehörden, die beim Inkrafttreten des Gesetzes in seinem Bezirk ihren Sitz hatten (§ 1 Abs. II, § 7 des Ges., §§ 35 bis 37 Durchf.VO). Inwieweit die Oberlandesgerichte für Rechtsstreitigkeiten zuständig sind, richtet sich nach den Zuständigkeiten der früheren Fideikommiß- und Fideikommißauflösungsbehörden. Danach sind die Fideikommißgerichte jetzt ausschließlich zuständig für die Entscheidung aller fideikommißrechtlichen Streitigkeiten unter den Beteiligten (Mitglieder der fideikommißberechtigten Familien, Abfindungs-, Versorgungs- und Anfallsberechtigten) einschließlich der Streitigkeiten über das Bestehen eines Folge- oder Anfallrechts sowie darüber, ob ein Vermögen als gebundenes Vermögen anzusehen ist.

2. des Obersten Fideikommißgerichts.

Auf das Oberste Fideikommißgericht sind sämtliche Zuständigkeiten der Rechtsmittelinstanzen der Fideikommiß- und Fideikommißauflösungsbehörden übergegangen. Das Oberste Fideikommißgericht ist zuständig zur Entscheidung über das Rechtsmittel der sofortigen Beschwerde gegen die Beschlüsse der Fideikommißsenate, wenn nach dem bisherigen Recht ein Rechtsmittel gegen die Entscheidung gegeben war oder der Wert des Streitgegenstandes RM 2000.— übersteigt. Die Frist zur Einlegung der sofortigen Beschwerde beträgt ein Monat; sie kann auf neue Tatsachen und Beweise gestützt werden (§§ 15, 16 d. Ges.).

III. Verfahren.

Für das Verfahren vor den Fideikommißsenaten bestimmt § 8 Abs. II des Gesetzes, daß das bisherige Verfahrensrecht sinngemäß gilt. Inzwischen sind aber wesentliche Änderungen vorgenommen (vgl. die §§ 28 ff., § 37 der Durchf.VO).

Für das Verfahren vor dem Obersten Fideikommißgericht bestimmt § 3 der Durchf.VO, daß die Vorschriften des RFGG entsprechend Anwendung finden, soweit in dem Gesetz zur Vereinheitlichung der Fideikommißauflösung und der Durchführungsverordnung nichts anderes bestimmt ist. Über das Verfahren im einzelnen vgl. die §§ 9 ff. des Gesetzes und die §§ 3 ff. der Durchf.VO.

IV. Rechtsnatur — Verhältnis zu anderen Behörden.

Die Fideikommiß- und Fideikommißauflösungsbehörden sind nicht ausschließlich Gerichte der Freiwilligen Gerichtsbarkeit. Zum erheblichen Teil haben sie nämlich über Angelegenheiten der streitigen Gerichtsbarkeit zu entscheiden oder Verwaltungsgeschäfte zu erledigen, die ihrerseits wiederum teilweise auf öffentlich-rechtlichem Gebiet liegen oder jedenfalls einen starken öffentlich-rechtlichen Einschlag haben. Für die Durchführung aller bei den Fideikommiß- und Fideikommißauflösungsbehörden in Betracht kommenden Aufgaben passen aber am besten die Formen der Freiwilligen Gerichtsbarkeit[130].

§ 18 des Gesetzes bestimmt, daß endgültige Entscheidungen der Fideikommißsenate und des Obersten Fideikommißgerichts für die Gerichte und Verwaltungsbehörden bindend sind. Die Zuständigkeit der Fideikommiß- und Fideikommißauflösungsbehörden in den ihnen zugewiesenen Anlegenheiten ist eine ausschließliche. Die ordentlichen Gerichte können in diesen Angelegenheiten, soweit nicht der ordentliche Rechtsweg ausdrücklich offen gelassen ist, nicht angerufen werden[131]. Über die Verweisung auf den ordentlichen Rechtsweg vgl. § 37 der Durchf.VO[132].

D. Erbgesundheitsgerichte.

Schrifttum:

Gütt-Rüdin-Ruttke: Gesetz zur Verhütung erbkranken Nachwuchses, 2. Aufl., München 1936;
Gütt-Linden-Maßfeller: Blutschutz- und Erbgesundheitsgesetz, München 1936.

Die Einrichtung und Zuständigkeit der Erbgesundheitsgerichte und das Verfahren vor diesen beruhen auf dem Gesetz zur Verhütung erbkranken Nachwuchses vom 14. VII. 1933[133] (ENG), den Ausführungsverordnungen zu diesem Gesetz[134], dem Gesetz zum Schutz der Erbgesundheit des deutschen Volkes vom 18. X. 1935[135] (EGG) und der Ersten Durchführungsverordnung zu diesem Gesetz vom 29. XI. 1935[136].

Die Erbgesundheitsgerichte und die Erbgesundheitsobergerichte haben in der Hauptsache die Aufgabe über die Unfruchtbarmachung erbkranker Personen sowie über die Versagung oder Zurücknahme des Ehetauglichkeitszeugnisses (durch das Gesundheitsamt) zu entscheiden.

I. Einrichtung:

1. der Erbgesundheitsgerichte (§ 6 ENG).

Die Erbgesundheitsgerichte sind den Amtsgerichten angegliedert[137]. Sie umfassen entweder den Bezirk eines Amtsgerichts oder den Bezirk mehrerer Amtsgerichte.

---

[130] Vgl. Pfundtner-Neubert § 3 der Durchf.VO Anm. 1.
[131] Vgl. Pfundtner-Neubert § 18 des. Ges. Anm. 1.
[132] Vgl. Pfundtner-Neubert § 37 der Durchf.VO Anm. 3, 4 u. 5.
[133] RGBl. S. 529 mit den bisher ergangenen Änderungen, s. Dehlinger (1938) B. III.
[134] S. Dehlinger (1938) B. III.
[135] RGBl. S. 1246.
[136] RGBl. S. 1419.
[137] Ein Verzeichnis der in Deutschland bestehenden Erbgesundheitsgesetze s. bei Gütt-Rüdin-Ruttke S. 361.

Die Erbgesundheitsgerichte bestehen aus einem Amtsrichter als Vorsitzenden, einem beamteten Arzt und einem weiteren, für das Deutsche Reich approbierten Arzt, der mit der Erbgesundheitslehre besonders vertraut ist. Die Mitglieder und ihre Stellvertreter werden im Bezirk des Landgerichts Berlin durch den Präsidenten des Amtsgerichts in Berlin, im übrigen durch die Landgerichtspräsidenten bestellt. Die richterlichen Mitglieder werden für die Dauer des Geschäftsjahres, die ärztlichen Mitglieder für die Dauer von zwei Geschäftsjahren bestellt (vgl. Art. 13 der 3. Ausf.VO zum ENG).

Hinsichtlich der Verwaltungs- und Dienstaufsicht gelten die Erbgesundheitsgerichte als Teil des Amtsgerichts (Art. 12 Abs. II der 3. Ausf.VO). Die Geschäftsverteilung bestimmt sich nach § 5 des Gesetzes vom 24. XI. 1937[138]. Diese nimmt danach der Amtsgerichts- oder Landgerichtspräsident vor.

2. der Erbgesundheitsobergerichte

(§ 10 ENG, Art. 12 ff. der 3. Ausf.VO).

Die Erbgesundheitsobergerichte sind den Oberlandesgerichten angegliedert und umfassen dessen Bezirk. Sie bestehen aus einem Mitglied des Oberlandesgerichts, einem beamteten und einem für das Deutsche Reich approbierten Arzt, der mit der Erbgesundheitslehre besonders vertraut ist.

Die Erbgesundheitsobergerichte gelten hinsichtlich der Verwaltung und Dienstaufsicht als Teil des Oberlandesgerichts (Art. 12 der 3. Ausf.VO). Die Geschäftsverteilung erfolgt durch den Oberlandesgerichtspräsidenten (§ 5 des Gesetzes vom 24. XI. 1937)[139].

II. Zuständigkeit.

Die Erbgesundheitsgerichte sind zuständig für die Verhandlung und Entscheidung über den Antrag auf Unfruchtbarmachung erbkranker Personen und schwerer Alkoholiker; die Erbgesundheitsobergerichte sind zuständig für die Verhandlung und Entscheidung über das Rechtsmittel der Beschwerde gegen den Beschluß des Erbgesundheitsgerichts. Die Entscheidung des Erbgesundheitsobergerichts ist endgültig (§§ 1 ff. ENG)

Eine weitere Zuständigkeit ist den Erbgesundheitsgerichten durch § 11 der Durchf.VO zum Ehegesundheitsgesetz übertragen worden. Danach ist das Erbgesundheitsgericht zuständig für die Verhandlung und Entscheidung über die Versagung oder Zurücknahme des Ehetauglichkeitszeugnisses aus Gründen des § 1 Ehegesundheitsgesetzes durch das Gesundheitsamt. Auch in diesem Fall ist gegen die Entscheidung binnen einer Notfrist von zwei Wochen die Beschwerde an das Erbgesundheitsobergericht zulässig.

Nach dem Erbkrankennachwuchsgesetz ist für die Entscheidung das Erbgesundheitsgericht örtlich zuständig, in dessen Bezirk der Un-

[138] RGBl. S. 1286.
[139] Siehe [138].

fruchtbarzumachende seinen allgemeinen Gerichtsstand hat (§ 5 ENG), nach dem Ehegesundheitsgesetz ist das Erbgesundheitsgericht zuständig, in dessen Bezirk das Gesundheitsamt seinen Sitz hat (§ 12 Abs. III Durchf.VO zum EGG).

III. Verfahren.

Vorschriften über das Verfahren enthalten das Erbkrankennachwuchsgesetz in den §§ 7 ff., die Ausführungsverordnung zu diesem Gesetz, das Ehegesundheitsgesetz und die 1. Durchführungsverordnung zu diesem Gesetz. Die Vorschriften des RFGG finden auf das Verfahren vor den Erbgesundheitsgerichten und den Erbgesundheitsobergerichten entsprechende Anwendung, soweit nicht in dem Erbkrankennachwuchsgesetz und den Verordnungen etwas anderes bestimmt ist[140].

IV. Rechtsnatur.

Formell sind die Erbgesundheitsgerichte und Erbgesundheitsobergerichte Gerichte der Freiwilligen Gerichtsbarkeit. Sachlich können sie jedoch nicht allgemein als Gerichte der Freiwilligen Gerichtsbarkeit bezeichnet werden; sie sind vielmehr eine Art Gesundheitspolizeibehörde.

E. Gemeindegerichte.

Schrifttum:

Hegler: „Das Gemeindegerichtsverfahren in Württemberg und Baden", im Arch. f. d. ziv. Prax. Bd. 106 S. 52 ff.

Von den deutschen Ländern haben nur Württemberg und Baden von der im § 14 Ziffer 3 GVG gewährten Ermächtigung Gebrauch gemacht und Gemeindegerichte errichtet.

Die Rechtsgrundlagen für die Einrichtung, Zuständigkeit und das Verfahren der Gemeindegerichte in Württemberg ist die Verordnung über das Verfahren und die Kosten vor den Gemeindegerichten vom 9. III. 1932[141] und in Baden das Gesetz betr. die Einführung der Reichsjustizgesetze im Großherzogtum Baden in der Fassung des Gesetzes vom 30. XI. 1899[142].

I. Einrichtung.

In Württemberg war das Gemeindegericht vor dem Inkrafttreten der Deutschen Gemeindeordnung vom 30. I. 1935[143] der Gemeinderat. Nachdem jedoch die Deutsche Gemeindeordnung den früheren Gemeinderäten weder in ihrer Gesamtheit noch als einzelne

[140] Vgl. ferner Pfundtner-Neubert IV, d, 3 Anm. 1 zu § 7.
[141] RegBl. S. 63.
[142] GVBl. S. 821 mit den bis. erg. Änderungen.
[143] RGBl. S. 49.

eine unmittelbare Einflußnahme auf die Gemeindeverwaltung mehr gestattet, ist auch die Teilaufgabe des früheren Gemeinderates in der Funktion als Gemeindegericht gegenstandslos geworden. Demnach können auch in Baden die Gemeinderäte nicht mehr durch Versehung des Gemeinderichteramts als Vertreter der Gemeindeverwaltung tätig werden. Um zu verhüten, daß den Gemeinden Schaden entsteht, wenn Gemeinderäte auch weiterhin unbefugt das Gemeinderichteramt ausüben, hat der Minister des Innern in einem Runderlaß vom 18. XI. 1935[144] die Aufsichtsbehörden ersucht, dafür zu sorgen, daß etwaige an Gemeinderäte erteilte und noch bestehende Aufträge zur Wahrnehmung der gemeindegerichtlichen Geschäfte an Stelle des Oberbürgermeisters (Bürgermeisters) alsbald widerrufen werden[145].

Die Gemeindegerichtsbarkeit wird in Baden und Württemberg heute vom Bürgermeister bzw Oberbürgermeister ausgeübt.

Die unmittelbare Dienstaufsicht über die Gemeindegerichte ist in Württemberg und Baden den Amtsgerichten übertragen.

II. Zuständigkeit.

Die Zuständigkeit der Gemeindegerichtsbarkeit ist sowohl in Württemberg als auch in Baden wie folgt begrenzt (§ 14 Ziffer 3 GVG):

1. Bezüglich des Gegenstandes des Verfahrens:
   a) die Gemeindegerichte sind nur für vermögensrechtliche Streitigkeiten zuständig;
   b) der Gegenstand des Prozesses darf an Geld- oder Geldeswert die Summe von RM 100.— nicht übersteigen.
2. Bezüglich der Parteien:
   Es dürfen den Gemeindegerichten nur Streitigkeiten zwischen Gemeindeansässigen zugewiesen werden.

II. Verfahren.

Bezüglich des Verfahrens herrscht die Tendenz der Einfachheit, Billigkeit und Formfreiheit. Es finden sich in den Gesetzgebungen der beiden Länder im ganzen nur wenig Verfahrensvorschriften; im wesentlichen entscheidet das freie Ermessen des Gemeindegerichts über die Gestaltung des Verfahrens[146].

IV. Rechtsmittel.

Gegen die Entscheidung der Gemeindegerichte steht beiden Parteien das Rechtsmittel der Berufung auf den ordentlichen Rechtsweg zu.

---

[144] Nr. 106395. „Durchführung d. Gemeindeordnung betr. . . ."

[145] s. Fees-Jäckle-Brunner „Deutsche Gemeindeordnung", Stuttgart-Karlsruhe 1936, § 48 Anm. 3.

[146] Vgl. Hegler, S. 86.

V. Rechtsnatur[147].

Die Gemeindegerichte sind gemäß § 14 Ziffer 3 GVG zugelassene besondere Gerichte. Sie sind nicht „bloße Sühne-Vergleichsinstanz, sondern eigentliches Rechtsschutzorgan, Organ der streitigen Zivilgerichtsbarkeit, freilich nicht der ordentlichen, sondern der besonderen". Hegler bezeichnet sie als bloße Vor- und Versuchsinstanzen.

Was die rechtliche Stellung der Gemeinderichter anbetrifft, so sind sie unabhängig und nur dem Gesetz unterworfen[148].

F. Konsulargerichtsbarkeit.

Schrifttum:

Rauchhaupt: Völkerrecht, München 1936, S. 781;
Hold-Ferneck: Lehrbuch des Völkerrechts, Leipzig 1932, Bd. II, S. 135;
Liszt-Fleischmann: Das Völkerrecht, Berlin 1925, 12. Aufl., S. 208;
Mettgenberg: Deutsche Konsulargerichtsbarkeit i. d. Deutschen Justiz 1936, S. 856;
Kramer: „Deutsches Konsularrecht" in DV 1937, S. 272.

Die Konsulargerichtsbarkeit, die von den dazu ermächtigten Konsuln, von den Konsulargerichten und vom Reichsgericht ausgeübt wird, ist in dem Reichsgesetz vom 7. IV. 1900[149] geregelt. Sie wird in den Ländern ausgeübt, in denen ihre Ausübung durch Herkommen oder Staatsvertrag gestattet ist. Zur Zeit besteht eine deutsche Konsulargerichtsbarkeit nur noch in Ägypten[150].

Der Konsulargerichtsbarkeit sind unterworfen:

1. Deutsche, soweit sie nicht in dem Land, in dem die Konsulargerichtsbarkeit ausgeübt wird, nach allgemeinen völkerrechtlichen Grundsätzen das Recht der Exterritorialität genießen;
2. die sogen. Schutzgenossen.

I. Einrichtung:

1. der Konsulate.

Die Einrichtung der Konsulate und die Rechte und Pflichten der Konsuln sind in dem Gesetz vom 8. XI. 1867[151] geregelt. Man unterscheidet Generalkonsulate, Konsulate und Vizekonsulate.

Die Konsuln sind entweder Berufs- oder Wahlkonsuln. Zum Berufskonsul können nur Reichsangehörige ernannt werden, die entweder die erste juristische Prüfung bestanden haben und außerdem mindestens drei Jahre im Innendienst oder in der Advokatur und

---

[147] Vgl. Hegler, S. 64.

[148] Hegler, S. 70.

[149] RGBl. S. 213 mit den bish. erg. Änd. b. Dehlinger (1938) H. I.

[150] Ges. u. VO üb. d. Konsulargerichtsbarkeit in Aegypten vom 24. VII. 1925, vom 31. VII. 1925, RGBl. II S. 735. Über den Wegfall der Konsulargerichtsbarkeit in Äthiopien, Iran und der Zone des spanischen Marokko vgl. die VO. vom 14. X. 1938 (RGBl. S. 1441).

[151] RGBl. S. 137, zum Reichsgesetz erklärt durch Ges. vom 16. IV. 1871, BGBl. S. 63 mit d. bish. erg. Änd. s. b. Dehlinger (1938) H. I.

mindestens zwei Jahre im Konsulardienst des Reiches beschäftigt gewesen sind, oder die eine besondere Prüfung bestanden haben. Zu Wahlkonsuln sollen vorzugsweise Kaufleute ernannt werden, die deutsche Reichsangehörige sind. Es können aber auch Ausländer zu Wahlkonsuln ernannt werden[152]. Die Rechtsverhältnisse der Wahlkonsuln richten sich nach dem Deutschen Beamtengesetz[153].

Neben der Unterscheidung von Berufs- und Wahlkonsuln ist die weitere Unterscheidung von sogen. Jurisdiktionskonsuln und allen übrigen Konsuln zu machen. Die Jurisdiktionskonsuln sind mit Gerichtsbarkeit und weitgehenden persönlichen Vorrechten ausgestattet. Soweit in dem Konsulargerichtsbarkeitsgesetz von Konsuln die Rede ist, sind nur die Jurisdiktionskonsuln gemeint. Die Darstellung der in diesem Abschnitt unter I—III und V genannten Konsuln bezieht sich ebenfalss nur auf die Jurisdiktionskonsuln[154] [155].

2. der Konsulargerichte.

Das Konsulargericht besteht aus dem Konsul als Vorsitzenden und regelmäßig zwei Beisitzern.

3. des Reichsgerichts.

Über die Einrichtung des Reichsgerichts in Konsulargerichtsbarkeitssachen gelten keine Besonderheiten. Es kann daher auf die Ausführungen auf Seite 19 verwiesen werden.

II. Zuständigkeit.

1. Die Konsuln sind zuständig:

a) für die den Amtsgerichten zugewiesenen Angelegenheiten der streitigen Gerichtsbarkeit in Zivil-, Straf- und Konkurssachen;

b) für die den Amtsgerichten zugewiesenen Angelegenheiten der Freiwilligen Gerichtsbarkeit.

2. Die Konsulargerichte sind zuständig für die sonst in erster Instanz vor die Landgerichte und Schöffengerichte gehörigen Sachen.

3. Das Reichsgericht ist zuständig zur Verhandlung und Entscheidung über die Rechtsmittel:

a) der Beschwerde und der Berufung in den vor dem Konsul oder dem Konsulargericht verhandelten bürgerlichen Rechtsstreitigkeiten und Konkurssachen;

b) der Beschwerde gegen die Entscheidungen des Konsuls in Angelegenheiten der Freiwilligen Gerichtsbarkeit;

---

[152] § 2 der VO üb. die Rechtsverhältnisse der Wahlkonsuln vom 8. VII. 1937, RGBl. S. 764.

[153] § 1 der in Anm. 152 genannten VO.

[154] Die Konsuln, die nicht Jurisdiktionskonsuln sind, werden in diesem Abschnitt unter IV. besonders behandelt.

[155] Im April 1934 bestanden 36 Generalkonsulate, 77 Berufskonsulate und 400 Wahlkonsulate, vgl. hierzu das Gesetz über die Errichtung neuer Konsularbehörden vom 1. II. 1939 (RGBl. S. 115).

c) der Beschwerde und Berufung gegen die Entscheidungen des Konsulargerichts in Strafsachen.

III. Verfahren.

Der 5. Abschnitt des Konsulargerichtsbarkeitsgesetzes enthält besondere Vorschriften über das Verfahren in bürgerlichen Rechtsstreitigkeiten, in Konkurssachen und in den Angelegenheiten der Freiwilligen Gerichtsbarkeit. Über das Verfahren in Strafsachen vgl. den 7. Abschnitt.

IV. Befugnisse der Konsuln, die keine Jurisdiktionskonsuln sind.

Sämtliche Konsuln, also auch diejenigen, die keine Jurisdiktionskonsuln sind (vgl. unter I), sind befugt:

1. in Angelegenheiten der Freiwilligen Gerichtsbarkeit zur Beurkundung von Heiraten, Geburten und Sterbefällen der Reichsangehörigen, zur Legalisation derjenigen behördlichen Urkunden, die in ihrem Amtsbezirk ausgestellt oder beglaubigt sind, zur notariellen Beurkundung von Rechtsgeschäften, die von Reichsangehörigen errichtet sind usw.[156].
2. Auf dem Gebiet der streitigen Gerichtsbarkeit haben sie die Erledigung von Rechtshilfeersuchen heimischer Gerichte vorzunehmen. Auf Grund einer Ermächtigung können sie zu diesem Zweck gemäß richterlicher Requisition Zeugen und Sachverständige vernehmen und beeidigen. Sie können ferner bei Rechtsstreitigkeiten der Reichsangehörigen unter sich oder der Reichsangehörigen mit Fremden den Abschluß von Vergleichen vermitteln, das Amt eines Schiedsrichters übernehmen, wenn sie in der durch die Ortsgesetze vorgeschriebenen Form von den Parteien zu Schiedsrichtern ernannt werden.
3. Die Hafenkonsulate sind außerdem in den Angelegenheiten zuständig, die ihnen in ihrer Eigenschaft als Seemannsämter übertragen sind, vgl. die Darstellung auf Seite 84[157].

V.

Soweit die Konsuln und Konsulargerichte in Angelegenheiten der streitigen und freiwilligen Gerichtsbarkeit tätig werden, üben sie reichsgesetzliche Sondergerichtsbarkeit aus.

---

[156] Vgl. das Gesetz zur Vereinfachung des Verfahrens der deutschen Auslandsbehörden bei Beurkundungen u. Beglaubigungen vom 14. V. 1936, RGBl. S. 447, das Auslandspersonenstandsgesetz vom 4. V. 1870, RGBl. S. 599 mit den bisher ergangenen Änderungen, s. Dehlinger (1938) H. I.

[157] Kramer, S. 273 ff.

G. Sonstige in Angelegenheiten der Freiwilligen Gerichtsbarkeit zuständigen Behörden und Amtspersonen.

Die Angelegenheiten der Freiwilligen Gerichtsbarkeit sind im allgemeinen den ordentlichen Gerichten und im beschränkten Umfang den Notaren übertragen. Für bestimmte Verrichtungen auf dem Gebiet der Freiwilligen Gerichtsbarkeit sind jedoch neben den ordentlichen Gerichten und Notaren andere Behörden und Amtspersonen zuständig. Reichsgesetzlich sind u. a. Bestimmungen getroffen, über die Angelegenheiten der FG in der Wehrmacht, über die Beurkundungs- und Beglaubigungsbefugnis der Vermessungsbehörden usw. Neben den reichsgesetzlichen Bestimmungen gelten in Preußen wie auch in anderen Ländern nach Landesrecht[158] eine Reihe von Bestimmungen, nach welchen in bezug auf das Land bzw. einigen Gebietsteilen besondere Behörden oder Amtspersonen für bestimmte Angelegenheiten der Freiwilligen Gerichtsbarkeit zuständig sind.

I. Nach Reichsrecht

sind zuständig:

1. die Notare.

Nach der Reichsnotarordnung vom 13. II. 1937[159] sind die Notare zuständig, Beurkundungen jeder Art vorzunehmen sowie Unterschriften, Handzeichen und Abschriften zu beglaubigen, ferner Auflassungen entgegenzunehmen, Teilhypotheken und Teilgrundschuldbriefe aufzustellen, freiwillige Versteigerungen durchzuführen (§ 22 RNO); über die weitere Zuständigkeit der Notare vgl. die §§ 23 ff. RNO).

2. die Militärjustizbeamten.

Nach dem Gesetz über die Freiwillige Gerichtsbarkeit und anderen Rechtsangelegenheiten in der Wehrmacht vom 24. IV. 1934[160] stehen den richterlichen Militärjustizbeamten die im § 176 RFGG den Amtsgerichten oder Notaren zugewiesenen Verrichtungen zu (Beurkundungen von Rechtsgeschäften und Beglaubigungen von Unterschriften); ferner sind sie zuständig für die Errichtung von Militärtestamenten als öffentliche Testamente, für die Entgegennahme eidesstattlicher Versicherungen und andere Angelegenheiten der FG (§ 1 ff.).

3. Vorstände der Vermessungsbehörden und besonders beauftragte Beamte.

Nach dem Gesetz über die Beurkundungs- und Beglaubigungsbefugnis der Vermessungsbehörden vom 15. XI. 1937[161] sind die

[158] Die Zulässigkeit der landesrechtlichen Sonderregelung ergibt sich aus § 189 RFGG.

[159] RGBl. S. 191, Ausf.VO. vom 26. VI. 1937, RGBl. S. 663.

[160] RGBl. S. 335, Durchf.VO vom 3. II. 1936, RGBl. S. 99.

[161] RGBl. S. 1257.

Vorstände der Vermessungsbehörden, die das amtliche Verzeichnis im Sinne des § 2 Abs. II der Grundbuchordnung führen, sowie die von den Vorständen beauftragten Beamten befugt, Anträge des Eigentümers auf Vereinigung (§ 890 Abs. I BGB) oder Teilung von Grundstücken ihres Bezirks öffentlich zu beurkunden oder zu beglaubigen (§ 1).

4. der Standesämter.

Die Standesbeamten sind nach dem Personenstandsgesetz vom 3. XI. 1937[162] in der Hauptsache zur Beurkundung der Geburten, Heiraten und Sterbefälle zuständig. Daneben sind sie zur Beurkundung des Personenstandes in besonderen Fällen (vgl. die §§ 41 ff. PG), zur Aufnahme der in den §§ 1718 und 1720 Abs. II vorgesehenen öffentlichen Beurkundung über die Anerkennung der Vaterschaft (vgl. § 167 Abs. II RFGG) zuständig.

5. Mitglieder und Beamte der Jugendämter.

Nach dem Jugendwohlfahrtsgesetz vom 9. VII. 1922[163] sind Mitglieder oder Beamte des Jugendamtes zuständig, Beurkundungen gemäß den §§ 1718 und 1720 Abs. II BGB (Anerkenntnis der Vaterschaft) vorzunehmen, sowie die im § 1720 BGB bezeichneten Erklärungen (Namensführung der unehelichen Kinder) entgegenzunehmen und zu beglaubigen (§ 43 Abs. II JWG).

II. Nach Landesrecht (Preußen)

sind zuständig:

1. Dorfgerichte.

In Preußen bestehen für bestimmte Angelegenheiten der Freiwilligen Gerichtsbarkeit im früheren Geltungsbereich des Allgemeinen Landrechts (mit Ausnahme der Provinz Westfalen, des landrechtlichen Teiles der Rheinprovinz und des Restgebietes der ehemaligen Provinz Posen) Dorfgerichte (Art. 104 Pr.FGG). Sie sind z. B. für die in § 1960 BGB vorgesehene Sicherung des Nachlasses zuständig und können zum Zwecke der Sicherung Siegel anlegen, Geld usw. an sich nehmen und ein Nachlaßverzeichnis aufnehmen (Art. 104)[164].

Die Dorfgerichte sind gehörig besetzt, wenn neben dem Gemeindevorsteher zwei Schöffen oder ein Schöffe und ein vereidigter Gerichtsschreiber mitwirken (Art. 110 Pr.FGG). Die Besetzung und das Verfahren im einzelnen ist durch die AV vom 20. XII. 1899[165] geregelt.

2. Ortsgerichte.

a) In den Oberlandesgerichtsbezirken Frankfurt a. M. und Kassel bestehen Ortsgerichte, die für gewisse Angelegenheiten der FG zuständig sind.

---

[162] RGBl. S. 1146.
[163] RGBl. S. 633.
[164] Vgl. ferner die Artikel 105—109 Pr.FGG.
[165] JMBl. S. 806 i. d. Fass. der AV vom 24. IV. 1924, JMBl. S. 192.

Die Einrichtung dieser Ortsgerichte ist auf Grund der Art. 122 ff. Pr.FGG durch die VO über die Ortsgerichte in den Oberlandesgerichtsbezirken Frankfurt a. M. und Kassel vom 20. XII. 1899[166] und auf Grund des Gesetzes vom 13. IV. 1909[167] durch die VO betr. die Ortsgerichte in einem Teil des Kreises Altenkirchen vom 24. V. 1909[168] geregelt. Über die Begrenzung der Bezirke der Ortsgerichte vgl. die §§ 1—4 der Verordnung vom 20. XII. 1899 und die Anlagen A und B zu dieser Verordnung[169] sowie § 1 der Verordnung vom 24. V. 1909.

Die Ortsgerichte bestehen aus dem Ortsgerichtsvorsteher und drei Gerichtsmännern[170]. Der Vorsteher wird vom Landgerichtspräsidenten, die Gerichtsmänner vom Amtsgericht ernannt. Die Mitglieder der Ortsgerichte stehen unter der Aufsicht der Justizverwaltungsbehörde. Das Verfahren und die Gebühren der Ortsgerichte sind in der AV vom 28. XII. 1899[171] geregelt.

Die Ortsgerichte sind u. a. in den Angelegenheiten der Freiwilligen Gerichtsbarkeit zuständig, die den Dorfgerichten übertragen sind (siehe S. 57) für bestimmte Familien- und Erbrechtsangelegenheiten, Beurkundungen, Beglaubigungen (vgl. die Art. 123 ff. PrFGG).

b) An denjenigen Orten des OLG-Bezirks Frankfurt a. M. und der vormalig Großherzoglich Hessischen Gebietsteile des OLG-Bezirks Kassel, die Sitz eines Amtsgerichts sind, mit Ausnahme der Städte Frankfurt und Wiesbaden, sind an Stelle der Ortsgerichte Schätzungsämter errichtet. Die Einrichtung und Besetzung dieser Schätzungsämter sind durch die Verordnung vom 10. VI. 1907[172] geregelt. In den Angelegenheiten der Freiwilligen Gerichtsbarkeit sind sie für die Aufnahme von Taxen in dem Gemeindebezirk zuständig. Für die Gemeinde Burgau ist die Aufnahme von Taxen dem Bürgermeister allein übertragen (§ 16 der VO).

3. Gemeindevorstände in Schleswig-Holstein.

In Schleswig-Holstein sind die Gemeindevorstände (Bürgermeister, Dorfschafts-, Bauernschafts-, Gutsvorsteher) für die in den Artikeln 104—106 PrFGG aufgeführten Geschäfte (z. B. Sicherung des Nachlasses) zuständig (vgl. Art. 118 PrFGG).

4. Auktionatoren.

In Ostfriesland und Harlingerland sowie im Regierungsbezirk Osnabrück sind beeidigte Auktionatoren zur Vornahme und Be-

---

[166] GS S. 640.
[167] GS S. 30.
[168] GS S. 491.
[169] Vgl. hierzu die VO über die Bezirke der Ortsgerichte Horhausen und Oberlahr im Amtsgerichtsbezirk Altenkirchen vom 11. II. 1938, RGBl. S. 200.
[170] Für größere Bezirke kann die Zahl der Gerichtsmänner bis auf 5 erhöht werden.
[171] JMBl. S. 889 in der Fassung vom 29. V. 1922, JMBl. S. 201 und vom 24. IV. 1924, JMBl. S. 192.
[172] GS S. 145.

urkundung freiwilliger öffentlicher Versteigerungen zuständig (Art. 125 PrFGG).

5. Besonders beauftragte Beamte in Neuvorpommern und Rügen.

In Neuvorpommern und Rügen sind die zur Führung eines Amtssiegels befugten öffentlichen Beamten, die von dem Oberlandesgerichtspräsidenten in Stettin beauftragt sind, zuständig zur Beglaubigung von Unterschriften betr. Eintragungen und Löschungen im Grundbuch (§ 28 Nr. 4 des Gesetzes vom 26. V. 1873)[173].

6. Besondere Urkundspersonen für die Errichtung eines Nottestamentes.

Für die Errichtung eines Nottestamentes in der durch § 2249 Abs. I BGB bestimmten Form stehen in Preußen die selbständigen Gutsbezirke den Gemeinden gleich[174]. An Stelle des Vorstehers oder neben dem Vorsteher einer Gemeinde kann von dem Justizminister eine andere Person bestellt werden, vor welcher die Errichtung des Testamentes zu erfolgen hat. Derartige Bestimmungen sind bisher nur für bestimmte Gebietsteile ergangen, so für die Kreise Husum, Norder- und Süderdithmarschen[175], für die Oberlandesgerichtsbezirke Frankfurt a. M. und Kassel[176] und für Berlin[177]. Für die Aufnahme von Nottestamenten durch diese Urkundspersonen ist eine besondere Anweisung ergangen[178].

---

[173] GS S. 229.
[174] Vgl. die Anweisung v. 23. VI. 1900 (Beil. zu Nr. 32 d. JMBl. von 1900).
[175] AV vom 7. VII. 1900, JMBl. S. 504.
[176] AV vom 1. VII. 1902, JMBl. S. 141; vom 27. X. 1905, JMBl. 320 und vom 25. X. 1909, JMBl. S. 349.
[177] AV vom 7. VII. 1923, JMBl. S. 488 und vom 4. III. 1925, JMBl. 100.
[178] Vgl. AV vom 7. IV. 1904, JMBl. S. 91.

III. Abschnitt:

Verwaltungsgerichte und sonstige Verwaltungsbehörden mit gerichtlicher Organisation.

Vorbemerkung.

Auf eine wissenschaftliche Begriffsbestimmung der in diesem Abschnitt behandelten Verwaltungsgerichte und Verwaltungsbehörden mit gerichtlicher Organisation muß hier verzichtet werden.

Die Einteilung der Verwaltungsgerichtsbehörden ist nach formellen Gesichtspunkten erfolgt, da eine solche nach dem Gegenstand des Verfahrens und dem materiellen Charakter der Tätigkeit dieser Behörden nicht vorgenommen werden kann. Es handelt sich hier um solche Behörden, die nicht dem Reichsminister der Justiz unterstehen[179] und die, ohne in die Organisation der Gerichte eingefügt zu sein, doch gerichtsförmig organisiert sind und in einem gerichtsförmigen Verfahren entscheiden. Allgemeine gemeinsame Bestimmungen bestehen für diese Behörden nicht, weder in Bezug auf die Gerichtsverfassung noch in Bezug auf das Verfahren. In der Hauptsache bestehen mehr oder weniger ausführliche Verfahrensanordnungen. Die Grundsätze des Gerichtsverfassungsrechts sind ebenfalls mehr oder weniger ausführlich festgelegt. Ohne daß ein Prinzip erkennbar wäre, werden z. B. manche dieser Behörden als unabhängige Gerichte bezeichnet, während bei anderen eine solche Bezeichnung fehlt.

Dem Gegenstand nach üben die bezeichneten Behörden sehr verschiedene Tätigkeiten aus; in der Hauptsache entscheiden sie über echte Verwaltungsrechtsstreitigkeiten, d. h. solche, die das Verhältnis einzelner Volksgenossen zum Staat bzw. zu öffentlichen Verbänden oder die Beziehungen öffentlicher Verbände untereinander betreffen (wie z. B. die Tätigkeit des Bundesamtes für das Heimatwesen). Daneben finden sich aber auch vielfach andere Tätigkeiten, so üben z. B. das Reichswirtschaftsgericht, das Reichspatentamt und die Marktschiedsgerichte auch Gerichtsbarkeit in bürgerlichen Rechtsstreitigkeiten aus. Die Landeskulturbehörden, die Seemannsämter und das Reichspatentamt haben andererseits Zuständigkeiten auf dem Gebiet der Freiwilligen Gerichtsbarkeit.

---

[179] Ausnahme: Das Reichspatentamt (S. 61).

Eine besondere Bedeutung nimmt auf dem Gebiet der Verwaltungsgerichtsbarkeit das Verhältnis von Reichs- und Landesgesetzen ein. Im Vordergrund steht in dieser Arbeit die Darstellung der reichsgesetzlich geregelten Verwaltungsgerichte; die allgemeinen Verwaltungsgerichte der Länder, insbesondere die preußischen, sind aber ebenfalls ausführlich behandelt. Im Anschluß an die Darstellung der Verwaltungsgerichte und Verwaltungsbehörden mit gerichtlicher Organisation war es notwendig, einen kurzen Überblick über die kommende Reichsverwaltungsgerichtsbarkeit zu geben.

I. Reichspatentamt.

Schrifttum:

Klauer-Möhring: Patentgesetz, Berlin 1937;
Riemschneider-Wilcken: Das Patentgesetz, Berlin 1937;
Busse: Patentgesetz, Berlin 1937;
Krause: Patentgesetz, Berlin 1936;
Elten: Das neue Patentgesetz, Berlin 1937, mit ausführlicher Literaturangabe auf S. 37.

Die Einrichtung und Zuständigkeit des Reichspatentamts und das Verfahren vor diesem sind in dem Patentgesetz vom 5. V. 1936[180] und in der Verordnung über das Reichspatentamt vom 6. VII. 1936[181] geregelt.

A. Einrichtung.

Das Reichspatentamt, welches seinen Sitz in Berlin hat, besteht aus einem Präsidenten, den Senatspräsidenten und aus rechtskundigen und technischen Mitgliedern. Die rechtskundigen Mitglieder werden, wenn sie im Reichs- oder Staatsdienst ein Amt bekleiden, auf die Dauer dieses Amtes, andernfalls auf Lebenszeit berufen. Die technischen Mitglieder werden entweder auf Lebenszeit oder auf fünf Jahre berufen. Wenn ein voraussichtlich zeitlich begrenztes Bedürfnis besteht, kann die Reichsregierung Personen, welche die für die Mitglieder geforderte Vorbildung haben, mit den Verrichtungen eines Mitgliedes des Reichspatentamtes beauftragen (Hilfsmitglieder). Die Mitglieder sind auf die verschiedenen Abteilungen verteilt (§ 17 PG).

Im Reichspatentamt sind gebildet:

1. Prüfungsstellen (zur Zeit 142 für Patente und 11 für Warenzeichen[182]);
2. Patentabteilungen (zur Zeit 16 Abteilungen für Patente und 3 für Warenzeichen[183]);
3. Nichtigkeitssenate (zur Zeit 2)[184];

---

[180] RGBl. II S. 117.
[181] RGBl. II S. 219.
[182] Vgl. Busse S. 237.
[183] Siehe [182].
[184] Siehe [182].

4. Beschwerdesenate (zur Zeit 12 für Patente und 1 für Warenzeichen[185]);
5. Ein großer Senat (§ 19 PG).

Die Obliegenheiten der Prüfungsstelle nimmt ein technisches Mitglied der Patentabteilung (Prüfer) wahr. Außer den Hilfsmitgliedern dürfen in den Prüfungsstellen nur solche technischen Mitglieder mitwirken, die auf Lebenszeit berufen sind (§ 18 Abs. II, III Satz 1, V PG).

Die Patentabteilung ist bei Mitwirkung von mindestens drei Mitgliedern beschlußfähig, unter denen, soweit die Abteilung im Einspruchsverfahren tätig wird, zwei technische Mitglieder sein müssen. Außer Hilfsmitgliedern dürfen auch hier nur solche technischen Mitglieder mitwirken, die auf Lebenszeit berufen sind (vgl. § 18 Abs. III, IV und V PG).

Der Nichtigkeitssenat trifft seine Entscheidungen (das sind die Beschlußfassungen über die Anträge auf Erklärung der Nichtigkeit, auf Zurücknahme des Patents, auf Gewährung von Zwangslizenzen sowie Beschlüsse, die über den Antrag auf Erlaß einer einstweiligen Verfügung in Zwangslizenzsachen ergehen)[186] in der Besetzung mit zwei rechtskundigen und drei technischen Mitgliedern. Zu anderen Beschlußfassungen genügt die Mitwirkung von drei Mitgliedern, z. B. bei Kostenfestsetzungsbeschlüssen (vgl. § 18 Abs. VI PG).

Der Beschwerdesenat entscheidet in der Besetzung mit drei Mitgliedern; handelt es sich um Entscheidungen nach § 34 PG (Beschwerde gegen den Beschluß der Prüfungsstelle, durch den die Anmeldung zurückgewiesen wird, und Beschwerde gegen den Beschluß der Patentabteilung, durch den nach der Bekanntmachung das Patent erteilt oder versagt wird), so müssen zwei technische Mitglieder mitwirken (vgl. § 18 Abs. VII PG).

Der Große Senat besteht aus sieben Mitgliedern, und zwar aus dem Präsidenten als Vorsitzenden, drei rechtskundigen und drei technischen Mitgliedern (§ 19 PG).

B. Zuständigkeit.

I. Das Reichspatentamt ist ausschließlich zuständig:

1. für Patentsachen, und zwar:
   a) für die Patenterteilung,
   b) für die Nichtigkeitserklärung,
   c) für die Zurücknahme und Erteilung einer Zwangslizenz (§ 15 PG),
   d) für Obergutachten (§ 23 PG);
2. für Warenzeichensachen (Eintragung und Löschung);
3. für Gebrauchsmuster (Eintragung und Löschung).

---

[185] Siehe [182].

[186] Vgl. Klauer-Möhring, S. 304.

II. Die Zuständigkeit der einzelnen Abteilungen.

1. Die Prüfungsstellen sind zuständig für die Prüfung der Patentanmeldungen und für die Erteilung der Patente, soweit nicht die Patentabteilungen hierfür zuständig sind (§ 18 Abs. I Ziffer 1 PG).

2. Die Patentabteilungen sind zuständig für die Bearbeitung der Patentanmeldungen im Einspruchsverfahren (§ 32 Abs. II PG) und für alle Angelegenheiten, welche die erteilten Patente betreffen, außer den Angelegenheiten, für welche die Nichtigkeits- und Beschwerdesenate zuständig sind (§ 18 Abs. I Ziffer 2 PG).

3. Die Nichtigkeitssenate sind zuständig für (§ 18 Abs. I Ziffer 3 PG):

a) Nichtigkeitsklagen (§ 13 PG),
b) Zwangslizenzklagen (§ 15 Abs. I PG),
c) Zurücknahmeklagen (§ 15 Abs. II PG).

4. Die Beschwerdesenate entscheiden als Beschwerdeinstanz über Beschlüsse der Prüfungsstellen, Patentabteilungen sowie der Nichtigkeitssenate (§§ 21 und 34 PG).

5. Der Große Senat trifft dann eine Entscheidung, wenn ein Beschwerdesenat in einer grundsätzlichen Frage von der Entscheidung eines anderen Beschwerdesenats oder des Großen Senats abweichen will (§ 19 Abs. II PG).

C. *Verfahren.*

Es sind verschiedene Arten des Verfahrens zu unterscheiden, und zwar das Erteilungsverfahren (§§ 26—36 PG), das Nichtigkeits-, Zurücknahme- und Zwangslizenzverfahren (§§ 37—42 PG)[187].

Als Rechtsmittel sind gegeben:

1. Die Beschwerde, und zwar gegen die Beschlüsse der Prüfungsstellen, der Patentabteilungen und der Nichtigkeitssenate. In zweiter Instanz sind die Beschwerdesenate des Reichspatentamtes zuständig. Es sind zwei Arten von Beschwerden zu unterscheiden:

a) die fristlose Rechtsbeschwerde (§ 21 PG) und
b) die befristete Sachbeschwerde gegen den Beschluß, durch welchen die Anmeldung zurückgewiesen oder über die Erteilung des Patents entschieden wird (§ 34 PG);

2. die Beschwerde gegen die Entscheidung des Nichtigkeitssenats im Falle des § 41 PG (einstweilige Verfügung im Zwangslizenzverfahren), über die das Reichsgericht entscheidet (§ 41 Abs. III PG);

3. die Berufung gegen „Entscheidungen" (§§ 38 und 39 PG) der Nichtigkeitssenate, über die ebenfalls das Reichsgericht entscheidet (§ 42 PG). Vgl. hierzu die Verordnung über das Berufungsverfahren beim Reichsgericht in Patentsachen vom 30. IX. 1936[188].

---

[187] Vgl. die ausführl. Darstellung bei Riemschneider-Wilcken, S. 85 ff. und S. 261 ff.

[188] RGBl. S. 316.

D. Zuständigkeit der ordentlichen Gerichte in Patentstreitsachen.

I. Zuständigkeit.

„Unter Patentstreitsachen werden nach dem Patentgesetz alle Ansprüche verstanden, die das Recht aus dem Patent, an dem Patent und gegen den Patentinhaber betreffen. Es gehören hierzu die Klagen auf Unterlassung, auf Feststellung, auf Rechnungslegung und Schadensersatz sowohl von seiten des Patentinhabers gegen Dritte, als auch von seiten Dritter gegen ihn.“ [189]

Alle Patentstreitsachen gehören vor die Landgerichte, soweit nicht ausdrücklich die Zuständigkeit des Patentamts vorgeschrieben ist. Die Zuständigkeit der Landgerichte ist unabhängig davon, ob der der Klage zugrunde liegende Streitwert die für das landgerichtliche Verfahren festgelegte Mindestgrenze erreicht oder nicht. Eine erweiterte Zulässigkeit von Rechtsmitteln nach den Vorschriften der §§ 511a Abs. IV, 547 Nr. 2 ZPO wird hierdurch aber nicht begründet (§ 51 PG).

Der Reichsminister der Justiz hat von dem Recht, die Patentstreitsachen für die Bezirke mehrerer Landgerichte einem von ihnen zuzuweisen, in der Verordnung über die Zuweisung der Patentstreitsachen an die Landgerichte vom 10. IX. 1936[190] Gebrauch gemacht. Danach sind für Patentstreitsachen jetzt sechs Landgerichte, nämlich Berlin, Düsseldorf, Frankfurt a. M., Hamburg, Leipzig und Nürnberg-Fürth zuständig. Die Bezirke, die diesen Landgerichten zugewiesen sind, ergeben sich aus der genannten Verordnung.

II. Beteiligung des Reichspatentamts am Patentstreit.

Die Beteiligung des Reichspatentamts am Patentstreit ist neu. Zur Sicherstellung der Beteiligung haben die Gerichte dem Präsidenten des Reichspatentamts Abschriften von allen Schriftsätzen, Protokollen, Verfügungen und Entscheidungen zu übermitteln (§ 52 Abs. I PG). Der Präsident kann einen Vertreter des Reichspatentamts zur Teilnahme an den Gerichtsverhandlungen entsenden, andererseits kann das Gericht zur besseren Beurteilung des technischen Sachverhalts den Präsidenten des Reichspatentamts um die Übersendung eines technischen Vertreters ersuchen (§ 52 Abs. II und III PG)[191].

E. Rechtsnatur des Reichspatentamts.

Das Reichspatentamt ist eine unmittelbar dem Reichsminister der Justiz unterstellte höhere Reichsbehörde mit dem Sitz in Berlin[192]. Es wird dem Herkommen nach zu den verwaltungsgerichtlichen Behörden gezählt. Es ist allerdings zweifelhaft, ob das Reichspatent-

---

[189] Riemschneider-Wilcken S. 205; vgl. auch Klauer-Möhring S. 490.

[190] RGBl. II S. 299.

[191] Vgl. die ausführl. Darstellung bei Riemschneider-Wilcken S. 203 ff. u. bei Klauer-Möhring, S. 488.

[192] Vgl. Klauer-Möhring, S. 298; RGBl. I 1928 S. 369.

amt nicht besser als ein Gericht der streitigen und der freiwilligen Gerichtsbarkeit aufgefaßt wird.

II. Reichsaufsichtsamt für Privatversicherung.

Schrifttum:

Berliner-Fromm: Gesetz über die Beaufsichtigung der privaten Versicherungsunternehmungen und Bausparkassen, 4. Aufl., München 1932;
Goltz: Sparkassenaufsichtsgesetz, Berlin 1931;
Neumann: Gesetz über die Beaufsichtigung der privaten Versicherungsunternehmungen und Bausparkassen, Berlin 1937.

Das Reichsaufsichtsamt für Privatversicherung in Berlin führt die Aufsicht über die inländischen privaten Versicherungsunternehmungen und Bausparkassen und hat u. a. darüber zu entscheiden, ob eine Unternehmung der Aufsicht unterliegt, ob ein Geschäftsbetrieb zu erlauben oder zu untersagen ist.

Die Einrichtung und Zuständigkeit des Reichsaufsichtsamts für Privatversicherung und das Verfahren vor diesem sind im Gesetz über die Beaufsichtigung der privaten Versicherungsunternehmungen und Bausparkassen vom 6. VI 1931[193] und in der Verordnung betr. das Verfahren und den Geschäftsgang des Reichsaufsichtsamts für Privatversicherung vom 27. IX. 1931[194] geregelt.

A. Einrichtung

(§§ 90 ff. des Gesetzes und §§ 1 ff. der VO).

Das Aufsichtsamt besteht aus dem Präsidenten und der erforderlichen Zahl von ständigen und nichtständigen Mitgliedern sowie aus Mit- und Hilfsarbeitern. Der Vorsitzende und die ständigen Mitglieder werden vom Führer und Reichskanzler ernannt. Die übrigen Beamten ernennt der Reichswirtschaftsminister. Die ständigen Mitglieder werden auf Lebenszeit ernannt, sofern sie jedoch im Hauptamt Inhaber eines anderen Reichs- oder Landesamtes sind, nur für die Dauer dieses Amtes (§ 90 des Gesetzes). Zu den ständigen Mitgliedern im Hauptamt werden teils zum Richteramt oder zum höheren Verwaltungsdienst befähigte, teils technische, teils sonstige Kräfte hinzugezogen. Über die Zuziehung und Zahl der nichtständigen Mitglieder vgl. § 5 der VO und § 100 ds. Ges.[195]

Zur Mitwirkung bei der Aufsicht und zur Teilnahme an den wichtigeren Entscheidungen ist ein aus Sachverständigen des Versicherungswesens bestehender Beirat gebildet, dessen Mitglieder vom Führer und Reichskanzler ernannt werden. Sie üben ihr Amt ehrenamtlich aus (§ 92 ds. Ges. und §§ 8 ff. der VO).

---

[193] RGBl. S. 315 (750) mit den bish. erg. Änd. s. bei Dehlinger (1938) D. II.

[194] RGBl. S. 517, mit den bish. erg. Änd., s. Dehlinger (1938) D. II.

[195] Der in § 5 genannte Reichsrat ist durch Ges. vom 14. II. 1934 (RGBl. S. 89) aufgehoben. Soweit der Reichsrat selbständig tätig wurde, tritt an seine Stelle der zuständige Reichsminister oder die von diesem im Benehmen mit dem Reichsmin. des Innern bestimmte Stelle.

Das Aufsichtsamt enthält in sich zwei Instanzen. In erster Instanz entscheidet es durch Spruchsenate auf Grund mündlicher Beratung durch drei Mitglieder, darunter den Vorsitzer unter Zuziehung von zwei Mitgliedern des Versicherungsbeirates (§ 93 ds. Ges.). In der Berufungsinstanz entscheidet das Aufsichtsamt mit sieben Mitgliedern, und zwar drei Mitgliedern des Aufsichtsamtes, darunter den Vorsitzer, zwei Mitglieder des Versicherungsbeirates, eines richterlichen Beamten und eines Mitgliedes eines höchsten Verwaltungsgerichts eines Landes (§ 94 Abs. II ds. Ges.).

B. Zuständigkeit

(§§ 93 ff. des Gesetzes).

I. Das Aufsichtsamt ist in der ersten Instanz zuständig für die Verhandlung und Entscheidung darüber, ob:

1. eine Unternehmung der Aufsicht unterliegt (§ 2 ds. Ges.),
2. ein Geschäftsbetrieb zu erlauben ist (§§ 5—8),
3. eine Bestandsveränderung zu genehmigen ist (§ 14),
4. die Auflösung eines Versicherungsvereins auf Gegenseitigkeit zu genehmigen ist (§ 43),
5. die Fortsetzung einer Beteiligung zu untersagen ist (§ 82),
6. ein Geschäftsbetrieb zu untersagen ist (§ 87),
7. die Konkurseröffnung zu beantragen ist (§ 88) usw. (Vgl. § 93 Abs. I Ziff. 1—9.)

II. Das verstärkte Aufsichtsamt (Berufungssenat) ist zuständig für die Verhandlung und Entscheidung über das Rechtsmittel der Berufung gegen die Entscheidungen, die in der ersten Instanz ergangen sind. Die Rechtsmittelfrist beträgt ein Monat (§§ 93 und 94 ds. Ges.).

III. Das Aufsichtsamt ist ferner in einfacher Besetzung zuständig für die Verhandlung und Entscheidung über das Rechtsmittel der Beschwerde, wenn das Aufsichtsamt eine Ordnungsstrafe angedroht hat (§ 96 ds. Ges.) sowie über die Beschwerde gegen die Verfügungen des Aufsichtsamtes (§ 95 a ds. Ges.).

C. Verfahren.

Das Verfahren bei den Senaten des Aufsichtsamtes ist in den §§ 93 ff. ds. Ges. und den §§ 18 ff. der VO geregelt. Von den Grundzügen des Verfahrens soll erwähnt werden, daß das Aufsichtsamt in erster Instanz in den im § 93 ds. Ges. genannten Fällen nach mündlicher Beratung (§ 93 Abs. I) und in der Berufungsinstanz auf Grund mündlicher und öffentlicher Verhandlung entscheidet (§ 95 Abs. IV ds. Ges.).

D. Rechtsnatur — Verhältnis zu den ordentlichen Gerichten.

Das Aufsichtsamt ist eine dem Reichswirtschaftsminister unterstellte höhere Reichsverwaltungsbehörde mit dem Sitz in Berlin. Soweit es in gerichtsförmiger Weise tätig wird (in den Fällen der

§§ 94 und 95 ds. Ges.), ist das Aufsichtsamt ein Verwaltungsgericht. Seine Tätigkeit hat in der Hauptsache den Zweck, die Interessen des Versicherungsnehmers sicherzustellen. In mancher Hinsicht steht seine Tätigkeit der Freiwilligen Gerichtsbarkeit nahe.

Über sein Verhältnis zu den ordentlichen Gerichten ist folgendes zu bemerken: Das Reichsgericht hat in der Entscheidung vom 13. V. 1930[196] seiner Auffassung dahin Ausdruck gegeben, daß die öffentlich-rechtlichen Akte des Aufsichtsamts für die Gerichte nur bindend sind, wenn das Aufsichtsamt im Rahmen der gesetzlichen Befugnisse gehandelt hat. Das Reichsgericht hat sich daher in dem Urteil für berechtigt erklärt, die Voraussetzungen der Herabsetzung der Versicherungsleistungen nach § 89 Abs. II des Gesetzes nachzuprüfen.

Soweit freies Ermessen entscheidet, ist eine Nachprüfung durch die ordentlichen Gerichte als unzulässig zu erachten[197].

E. Bausparkassen.

Die gesetzlichen Vorschriften über die Bausparkassen sind in den §§ 112 ff. des Gesetzes enthalten. Im wesentlichen verweisen sie auf die Vorschriften über die Versicherungsunternehmungen.

III. Reichswirtschaftsgericht.

Schrifttum:

Klinger: Die Zuständigkeit des Reichswirtschaftsgerichts und des Kartellgerichts, Berlin 1924;
Müller-Wiedersum: Die Verordnung über das Reichswirtschaftsgericht, Berlin 1920;
Preußisches Justizministerium: Preußische Gerichtsverfassung, Berlin 1926;
Hedemann: „Das Reichswirtschaftsgericht“, in der Zeitschrift der Akademie für Deutsches Recht 1938, S. 190.

Die Einrichtung des Reichswirtschaftsgerichts beruhte zunächst auf der Verordnung über das Reichswirtschaftsgericht vom 21. V. 1920[198]. Maßgebend ist nunmehr das Gesetz über das Reichswirtschaftsgericht vom 25. II. 1938[199]. Durch dieses Gesetz ist das Kartellgericht als selbständiges Gericht beseitigt. Seine Zuständigkeiten sind auf das Reichswirtschaftsgericht übergegangen (§ 59 ds. Ges. vom 25. II. 1938).

A. Einrichtung.

Das Reichswirtschaftsgericht hat seinen Sitz in Berlin. Es darf an anderen Orten Sitzungen abhalten, wenn dies zur schleunigen oder sachgemäßen Erledigung erforderlich ist (§ 4).

Das Reichswirtschaftsgericht ist mit rechtsgelehrten Richtern, nämlich mit einem Präsidenten, mit der erforderlichen Zahl von Senatspräsidenten und Reichswirtschaftsgerichtsräten sowie mit sach-

---

[196] RGZ Bd. 129 S. 1 ff.
[197] Vgl. hierzu RGZ Bd. 112 S. 119 ff.
[198] RGBl. S. 1167.
[199] RGBl. S. 216.

verständigen Beisitzern besetzt. Die sachverständigen Beisitzer führen die Amtsbezeichnung Reichswirtschaftsrichter (§ 5 Abs. I und II).

Bei dem Reichswirtschaftsgericht sind Senate und ein Großer Senat gebildet (§ 5 Abs. III). Die Senate sind mit einem Vorsitzenden, zwei Reichswirtschaftsgerichtsräten und zwei Reichswirtschaftsrichtern besetzt. Sie entscheiden im Normalfalle auch in dieser Besetzung. Den Vorsitz in den Senaten führen der Präsident oder die Senatspräsidenten (§ 8). Der Große Senat besteht aus dem Präsidenten und acht Mitgliedern. Die Mitglieder sowie die Vertreter des Präsidenten und der Mitglieder werden aus der Reihe der Senatspräsidenten und Reichswirtschaftsgerichtsräte für die Dauer des Kalenderjahres vom Reichswirtschaftsminister bestellt. Auf Beschluß des Großen Senats können zur Beratung und Entscheidung auch Reichswirtschaftsrichter hinzugezogen werden (§ 5 Abs. III und IV).

Der Präsident, die Senatspräsidenten und die Reichswirtschaftsgerichtsräte werden vom Führer und Reichskanzler aus der Zahl der zum Richteramt befähigten öffentlichen Beamten auf Lebenszeit ernannt. Die Bestimmung des § 8 GVG (Amtsenthebung, Versetzung in den Ruhestand) findet auf sie entsprechende Anwendung. Über die Bestellung von Hilfsrichtern vgl. § 6 Abs. II.

Die Reichswirtschaftsrichter werden zu den einzelnen Sitzungen vom Präsidenten des Reichswirtschaftsgerichts einberufen. Sie werden einer Liste entnommen, die vom Reichswirtschaftsminister mit Zustimmung des Stellvertreters des Führers nach Anhörung des Leiters der Reichswirtschaftskammer aufgestellt ist. Das Amt des Reichswirtschaftsrichters ist ein Ehrenamt (vgl. § 7).

Der Präsident führt die Dienstaufsicht und erläßt unter Zustimmung des Reichswirtschaftsministers die Geschäftsordnung. Er regelt den Geschäftsgang und verteilt die Geschäfte (§ 12).

B. Zuständigkeit.

Bestimmungen über die Zuständigkeit des Reichswirtschaftsgerichts finden sich in den verschiedensten Gesetzen und Verordnungen[200]. In der Regel entscheidet das Reichswirtschaftsgericht als Rechtsmittelinstanz, in einigen Fällen auch in erster und einziger Instanz. Außer den Angelegenheiten der Kriegs- und Übergangswirtschaft, die durch die Abgeltungsverordnung vom 24. X. 1923[201] erheblich eingeschränkt sind, umfaßt das Zuständigkeitsgebiet des Reichswirtschaftsgerichts u. a. folgende Aufgaben:

Die Entscheidung über das Rechtsmittel der Berufung, Revision oder der Beschwerde gegen die Bescheide und Entscheidungen der Spruchkammer in Entschädigungsangelegenheiten (siehe S. 118);

[200] § 2 d. Ges. über das Reichswirtschaftsgericht bestimmt nur, daß das Reichswirtschaftsgericht für die ihm durch das Gesetz übertragenen Entscheidungen zuständig ist.

[201] RGBl. S. 1010.

Die Entscheidung über den Einspruch gegen die Eintragung in die Handwerksrolle nach § 10 der Dritten Verordnung über den vorläufigen Aufbau des Deutschen Handwerks vom 18. I. 1935[202];

Die Entscheidung über die Festsetzung der Entschädigung, wenn das Reich das Recht zum Betrieb von Luftfahrtunternehmen, Flughäfen usw. übernimmt (§ 16 Luftverkehrsgesetz)[203];

Die Festsetzung einer Ordnungsstrafe bis zu RM 300 000.— auf Antrag einer Devisenstelle nach § 17 Abs. II des Devisenbewirtschaftungsgesetzes vom 4. II. 1935[204];

Die Entscheidung über die Auflösung einer Aktiengesellschaft oder Kommanditgesellschaft auf Aktien, wenn sie das Gemeinwohl gefährdet, auf Antrag des Reichswirtschaftsministers. Der Reichswirtschaftsminister stellt den Antrag im Einvernehmen mit dem Reichsminister der Justiz und den sonstigen beteiligten Reichsministern (§ 288 des Aktiengesetzes vom 30. I. 1937)[205].

Nach § 3 des Gesetzes über das Reichswirtschaftsgericht kann außerdem das Reichswirtschaftsgericht durch Vereinbarung der Parteien für zuständig erklärt werden, und zwar für wirtschaftliche Streitigkeiten, die sich zwischen einer Behörde und einer anderen mit der Wahrnehmung öffentlicher Aufgaben betrauten Stelle und dem von einer Maßnahme der Behörden oder der Stelle Betroffenen oder zwischen den davon Betroffenen ergeben. Sofern aber die Zuständigkeit der ordentlichen Gerichte oder der für die landwirtschaftliche Marktregelung gebildeten Schiedsgerichte begründet ist, kann die Zuständigkeit nicht durch die Parteien vereinbart werden.

Auf das Reichswirtschaftsgericht sind ferner die Zuständigkeiten übergegangen, die bisher dem Kartellgericht übertragen gewesen sind (§ 59 Abs. II). Es handelt sich hier um die Zuständigkeiten nach der Kartellverordnung vom 2. XI. 1923[206] und dem Zwangskartellgesetz vom 15. VII. 1933[207]. Nach den §§ 8 und 9 der Kartellverordnung ist das Reichswirtschaftsgericht zur Entscheidung über die Zulässigkeit der Kündigung eines Kartells, einer Konvention oder ähnlichen Abmachung durch einen Beteiligten zuständig, ferner für die Verwertung von Sicherheiten und die Verhängung von Sperren und sonstigen Nachteilen[208].

Der Große Senat entscheidet in den ihm durch Gesetz besonders übertragenen Fällen über die Rechtsbeschwerde und faßt über die ihm von dem Präsidenten oder gemäß § 42 von einem Senat vorgelegten grundsätzlichen Fragen Beschlüsse, die für die Senate des Reichswirtschaftsgerichts bindend sind (§ 10 ds. Ges.). In kartell-

---

202 RGBl. S. 15.
203 i. d. Fass. vom 21. VIII. 1936, RGBl. S. 653.
204 RGBl. S. 106.
205 RGBl. S. 107.
206 RGBl. S. 1067.
207 RGBl. S. 487.
208 Vgl. die §§ 10 Abs. VII, 12 Abs. III, 13, 15 und 17 der Kartellverordnung und § 7 des Zwangskartellgesetzes.

rechtlichen Verfahren findet § 10 aber keine Anwendung (§ 59 Abs. III).

C. Verfahren.

Das Verfahren ist ausführlich in den §§ 15 ff. des Gesetzes vom 25. II. 1938 geregelt. Nach § 38 entscheidet das Reichswirtschaftsgericht unter Berücksichtigung des gesamten Ergebnisses des Verfahrens. Es bestimmt den Umfang der Beweisaufnahme nach freiem Ermessen, ohne hierbei an Anträge, Verzicht oder frühere Beschlüsse gebunden zu sein. Die Entscheidungen des Gerichts ergehen durch Urteil (§ 44).

D. Rechtsnatur — Verhältnis zu anderen Behörden.

Das Reichswirtschaftsgericht ist ein unabhängiges, nur dem Gesetz unterworfenes Gericht (§ 1 ds. Ges.). Es wird bald als ein besonderes Gericht[209] im Sinne des § 13 GVG, bald als ein Verwaltungsgericht aufgefaßt[210]. Nach einer anderen Ansicht ist das Reichswirtschaftsgericht ein Gericht eigener Art[211]. Hedemann[212] ist der Auffassung, daß man heute von solchen konstruktiven Gruppierungen „entrückt" ist. Trotzdem kommt auch er zu dem Ergebnis: „Charakteristika sind auch heute noch nötig, das Volk der Denker werden wir auch heute noch bleiben, praktische Abgrenzungen sind schon um der Zuständigkeit willen auch heute noch nötig."

Nach dem Gegenstand seiner Tätigkeit ist das Reichswirtschaftsgericht als ein besonderes Streitgericht der Zivilgerichtsbarkeit, teils ein Verwaltungsgericht. Dem Verfahren nach ist es mehr ein Prozeßgericht im Sinne der ZPO (vgl. §§ 20ff., 48 ds. Ges.).

Die Entscheidungen des Reichswirtschaftsgerichts sind endgültig und für Gerichte und Schiedsgerichte bindend, auch soweit sie die Frage der Zuständigkeit des Reichswirtschaftsgerichts betrifft (§ 59 Abs. I RWG in Verbindung mit § 12 KVo). Hängt die Entscheidung eines Rechtsstreits in einer Kartellsache ganz oder z. T. von einer Feststellung ab, für welche das Reichswirtschaftsgericht zuständig ist, so hat das Gericht die Verhandlung bis zur Entscheidung des Reichswirtschaftsgerichts auszusetzen[213].

IV. Auf dem Gebiet der Land- und Ernährungswirtschaft.

A. Landeskulturbehörden — Umlegungsbehörden.

Bei der Darstellung der Umlegungsbehörden und der Landeskulturbehörden ist es am zweckmäßigsten, von der Darstellung der

[209] RGZ Bd. 103 S. 103; vgl. hierzu Lucas, „Das Reichswirtschaftsgericht und das öffentl. Wirtschaftsrecht" in JW 1922 S. 662.

[210] RG in JW 1923 S. 686: „Verwaltungssondergericht"; vgl. auch Waldecker, JW 1922 S. 664.

[211] Goldschmidt, Reichswirtschaftsrecht, Berlin 1923 S. 79.

[212] Akademie f. Deutsch. Recht 1938 S. 138.

[213] § 12 Kartellverordnung ist durch § 59 Abs. I des Ges. vom 25. II. 1938 nicht aufgehoben. An die Stelle des Kartellgerichts ist das Reichswirtschaftsgericht getreten.

Landeskulturbehörden auszugehen, da die Umlegungsbehörden sich z. T. an die landesrechtlichen Einrichtungen der Landeskulturbehörden anlehnen.

I. Die preußischen Landeskulturbehörden.

Schrifttum:

Haack: Das Reichssiedlungsgesetz nebst Ergänzungsgesetzen, Berlin 1935.

Nach § 14 Ziffer 2 GVG sind als besondere Gerichte zugelassen, Gerichte, welchen die Entscheidung von bürgerlichen Rechtsstreitigkeiten bei der Ablösung von Gerechtigkeiten oder Reallasten, bei Separationen, Konsolidationen, Verkoppelungen, gutsherrlich-bäuerlichen Auseinandersetzungen und dgl. obliegt.

Von der Zulassung haben Preußen, Sachsen, Hessen-Anhalt und Thüringen Gebrauch gemacht[214]. Diese Arbeit wird sich auf die Darstellung der preußischen Landeskulturbehörden beschränken.

In Preußen sind nach dem Gesetz über die Landeskulturbehörden vom 3. VI. 1919[215] die Vorsteher der Kulturämter, die Spruchkammern für Siedlung und Auseinandersetzung, die bei dem Oberpräsidenten eingerichtet sind, sowie der Senat für Siedlung und Auseinandersetzung beim Oberverwaltungsgericht zur Entscheidung in Rentenguts- und Auseinandersetzungssachen zuständig.

A. Einrichtung:

1. der Kulturämter[216].

Die Kulturämter, die aus einem oder mehreren leitenden Beamten als Vorsteher bestehen, sind in Preußen für selbständig abgegrenzte, nicht dem Regierungsbezirk entsprechende Bezirke errichtet[217]. Sie sind Verwaltungsbehörden, deren Vorsteher aber in besonders im Gesetz vorgesehenen Fällen als Spruchbehörden entscheiden. Verwaltungsbehörde und Spruchstelle sind hier also sachlich und persönlich identisch.

Der Dienstvorgesetzte des Vorstehers und der diesem beigegebenen Beamten ist der Oberpräsident (§ 11 LKG).

2. der Spruchkammern für Siedlung und Auseinandersetzung.

Die Verwaltungsbehörde in Landeskultursachen in der nächsthöheren Instanz ist der Oberpräsident. Für Landeskulturspruchsachen ist eine besondere Abteilung des Provinzialrates (Landeskulturabteilung) mit der Spruchkammer für Siedlung und Auseinandersetzung gebildet. Diese Spruchkammer besteht neben dem Oberpräsidenten als Vorsitzenden aus einem auf unbeschränkte Zeit ernannten Mitglied und aus vier auf Zeit ernannten Mitgliedern. Der Vorsitz in

---

[214] Vgl. Baumbach § 14 GVG Anm. 4.

[215] GS S. 101 mit den bish. erg. Änd. u. Erg. s. bei Haack, S. 229.

[216] Vgl. § 1 Abs. IV LKG.

[217] Schleswig-Holstein ist z. B. in 5 Kulturamtsbezirke mit den Kulturämtern in Kiel, Lübeck, Itzehoe, Heide u. Flensburg aufgeteilt.

der Spruchkammer geht, falls der Oberpräsident verhindert ist, auf den Vizepräsidenten oder auf das auf Lebenszeit ernannte Mitglied über (§§ 4 ff. LKG).

Für die Entscheidung über die im Enteigungsverfahren nach dem Reichssiedlungsgesetz vom 11. VIII. 1919[218] festgesetzte Entschädigung, treten der Spruchkammer zwei richterliche Mitglieder bei, die vom Reichsminister der Justiz und vom Reichs- und Preußischen Minister für Ernährung und Landwirtschaft aus den Richtern des Oberlandersgerichtsbezirks berufen werden (§ 6 Ziffer 5 Ausf.-Gesetz vom 15. XII. 1919)[219].

3. des Senats für Siedlung und Auseinandersetzung beim Oberverwaltungsgericht.

In der letzten Instanz ist die Verwaltungs- und Spruchstelle getrennt; während die höchste Verwaltungsinstanz der Reichs- und Preußische Minister für Ernährung und Landwirtschaft ist, ist der Senat für Siedlung und Auseinandersetzung beim OVG in Landeskulturspruchsachen die letzte Instanz. Auf diesen Senat finden die Vorschriften des Gesetzes betr. die Verfassung der Verwaltungsgerichte und das Verwaltungsgerichtsverfahren vom 3. VII. 1875[220] Anwendung (§ 28 Abs. III LKG)[221].

B. Zuständigkeit.

Die Landeskulturbehörden als Spruchstellen haben eine rechtsprechende Tätigkeit auszuüben, die hier allein zu erörtern ist.

Sie sind als Spruchstellen zuständig:

1. zur Entscheidung über die Entschädigung im Enteignungsverfahren nach den §§ 3, 15, 24 des Reichssiedlungsgesetzes[222];

2. zur Entscheidung von Streitigkeiten, die aus dem Rentengutsverfahren entstehen (§§ 21 und 24 LKG)[223];

3. zur Entscheidung von Streitigkeiten über die Zugehörigkeit zum Landlieferungsverband (§ 29 Ausf.-Ges. zum Reichssiedlungsgesetz)[224];

4. zur Entscheidung von Streitigkeiten über sonstige im Auseinandersetzungsverfahren entstehenden Streitigkeiten[225].

Über die Zuständigkeit für die aus dem Umlegungsverfahren usw. entstehenden Streitigkeiten siehe unter B (Umlegungsbehörden).

---

218 RGBl. S. 1429.
219 GS 1920, S. 31.
220 GS S. 375.
221 Vgl. die Darstellung auf S. 134.
222 Vgl. die Ausführungen bei Haack, S. 111.
223 Vgl. die Ausführungen bei Haack, S. 53.
224 Vgl. die Ausführungen bei Haack, S. 90.
225 Dazu gehören z. B. solche über die Angemessenheit einer Abfindung, eines Holz- oder Obstbaumausgleichs (vgl Ziff. II, 5 der Ausf. Bestimmungen vom 18. II. 1920 LwMBl. S. 293.

C. Verfahren.

Soweit es sich um sogen. Auseinandersetzungs- und Rentengutsangelegenheiten handelt, kommen für das Verfahren der Kulturämter die Auseinandersetzungsgesetze in Frage; für das Verfahren vor der Spruchkammer und dem Senat für Siedlung und Auseinandersetzung finden die Bestimmungen des Landesverwaltungsgesetzes über das Beschlußverfahren sinngemäß Anwendung (§ 17 LKG, VO vom 29. III. 1933)[226].

Als Rechtsmittel ist die Beschwerde und die weitere Beschwerde gegeben. Die Rechtsmittelfrist beträgt zwei Wochen (vgl. die §§ 24 ff. LKG).

D. Rechtsnatur.

Die Landeskulturbehörden als Spruchstellen sind keine besonderen Gerichte im Sinne des § 14 Ziffer 2 GVG; sie sind vielmehr Verwaltungssondergerichte[227]. Die im Auseinandersetzungsverfahren auftauchenden bürgerlichen Rechtsstreitigkeiten gehören vor die ordentlichen Gerichte (vgl. § 1 Abs. V LKG). Für Streitigkeiten über Rechtsverhältnisse, die außerhalb eines Auseinandersetzungsverfahrens Gegenstand eines Rechtsstreits hätten werden können und dann vor die ordentlichen Gerichte gehört hätten, soweit eine gütliche Einigung nicht zu erzielen ist, ist ausdrücklich bestimmt, daß sie vom Provinzialrat und OVG durch Beschluß in den Rechtsweg zu verweisen sind (§ 6 der VO vom 29. III. 1933)[228].

E. Anhang.

Der Ständige Ausschuß nach dem Reichssiedlungsgesetz.

Der Ständige Ausschuß nach § 15 des Reichssiedlungsgesetzes entscheidet über die Enteignung, ihre wirtschaftliche Zweckmäßigkeit und die Höhe der Entschädigung. Außerdem sind dem Ständigen Ausschuß noch Entscheidungen nach den §§ 1 Abs. I, 5 und 8 des Ausführungsgesetzes zum Reichssiedlungsgesetz übertragen.

Der Ständige Ausschuß setzt sich aus dem Vorsitzenden und je einem Beisitzer des Landlieferungsverbandes und des Gemeinnützigen Siedlungsunternehmens[229] zusammen.

II. Umlegungsbehörden.

Schrifttum:

Niermann: „Die Reichsumlegungsordnung" im Reichsverwaltungsblatt 1937 S. 809.

Um die Ernährung und Selbstversorgungsgrundlage des deutschen Volkes durch eine planmäßig im ganzen Reich durchzuführende Feldbereinigung durchgreifend zu verbessern, sind auf Grund der

---

226 GS S. 79.

227 Vgl. „Preuß. Gerichtsverfassung", bearbeitet im Justizministerium (Decker's Verlag), Berlin 1926, S. 272.

228 Siehe 226.

229 Vgl. die Ausführungen bei Haack auf S. 106.

Reichsumlegungsordnung (RUO vom 16. VI. 1937)[230] Umlegungsbehörden errichtet[231].

A. Einrichtung.

Die unmittelbar die Umlegung durchführende Behörde ist die „Umlegungsbehörde“; darüber steht die „Obere Umlegungsbehörde“ und an der Spitze als „Oberste Umlegungsbehörde“ der Reichsminister für Ernährung und Landwirtschaft.

1. Die Umlegungsbehörden.

Die Umlegungsbehörden sind in dem bisherigen Aufbau der Landesbehörden eingebaut. In Preußen sind die Kulturämter die Umlegungsbehörden und die Spruchstellen in Umlegungsangelegenheiten; in den anderen Ländern sind die entsprechenden Landesbehörden in Landeskulturangelegenheiten die Umlegungsbehörden.

2. Die Obere Umlegungsbehörde.
(§ 95 RUO).

Die Oberen Umlegungsbehörden entsprechen den Landeskulturbehörden der Länder (in Preußen der Landeskulturabteilung beim Provinzialrat mit der Spruchkammer für Siedlung und Auseinandersetzung). Es besteht weitgehende Personalunion in Preußen zwischen den Spruchkammern und den Oberen Umlegungsbehörden.

Die Obere Umlegungsbehörde als Spruchstelle mit der Bezeichnung „Obere Spruchstelle für Umlegungen“[232] besteht aus einem Vorsitzenden, einem beamteten und zwei weiteren Mitgliedern. Der Vorsitzende und das beamtete Mitglied müssen zum höheren Dienst der Umlegungsbehörden befähigt und mindestens drei Jahre in Umlegungsangelegenheiten tätig gewesen sein (beamtete Mitglieder). Sie werden von der Obersten Umlegungsbehörde für die Dauer ihres Hauptamtes bestellt. Die beiden anderen Mitglieder (Mitglieder auf Zeit) werden auf Vorschlag des Landesbauernführers von der oberen Umlegungsbehörde bestellt (vgl. § 95 RUO).

3. Die Oberste Umlegungsbehörde.
(§ 97 RUO).

Die Oberste Umlegungsbehörde als Spruchstelle mit der Bezeichnung „Oberste Spruchstelle für Umlegungen“[233] besteht aus einem Vorsitzenden, zwei beamteten Mitgliedern und zwei Mitgliedern auf Zeit. Der Vorsitzende muß zum Richteramt oder höheren Verwaltungsdienst, die übrigen beamteten Mitglieder zum höheren Dienst der Umlegungsbehörden befähigt sein. Sie müssen das 35. Lebensjahr vollendet haben und mindestens fünf Jahre in Umlegungsangelegenheiten tätig gewesen sein. Der Führer und Reichskanzler

[230] RGBl. S. 629.
[231] Vgl. das Umlegungsgesetz vom 26. VI. 1936, RGBl. S. 518.
[232] Vgl. 1. VO zur RUO vom 27. IV. 1938, RGBl. S. 425 §§ 13 u. 15.
[233] Siehe [232].

ernennt auf Vorschlag der Obersten Umlegungsbehörde den Vorsitzenden und ein beamtetes Mitglied hauptamtlich, das andere beamtete Mitglied nebenamtlich für die Dauer seines Hauptamtes oder für einen Zeitraum von mindestens sechs Jahren. Die Mitglieder auf Zeit werden auf Vorschlag des Reichsbauernführers von der Obersten Umlegungsbehörde bestellt.

4. *Die Spruchstellen für Wasser- und Bodenverbände.*

Nach der ersten Verordnung über Wasser- und Bodenverbände vom 3. IX. 1937[234] sind bei den Spruchstellen der Oberen Umlegungsbehörden Spruchstellen für Wasser- und Bodenverbände und bei der Spruchstelle der Obersten Umlegungsbehörde eine Oberste Spruchstelle für Wasser- und Bodenverbände eingerichtet. Diese Spruchstellen sind außer den übrigen Mitgliedern der Umlegungsbehörden noch mit einem höheren unmittelbaren technischen Staatsbeamten besetzt, im ganzen also mit fünf bzw. sechs Mitgliedern (§§ 135, 139 der VO).

B. Zuständigkeit.

Die Zuständigkeit der Umlegungsbehörden ergibt sich aus der Reichsumlegungsordnung und der ersten Verordnung über Wasser- und Bodenverbände.

1. Die Umlegungsbehörden als Spruchstellen sind zuständig zur Entscheidung über Einwendungen der Beteiligten gegen die Bewertung ihrer Grundstücke und Rechte, gegen ihre Abfindung und Entschädigung sowie gegen den übrigen, ihre Rechte und Pflichten betreffenden Inhalt des Umlegungsplanes (§ 90 RUO).

2. Die Obere Umlegungsbehörde als Spruchstelle ist zur Entscheidung über das Rechtsmittel der Beschwerde gegen die Beschlüsse der Umlegungsbehörde zuständig (§ 94 RUO). Die bei den Oberen Umlegungsbehörden eingerichteten Spruchstellen für Wasser- und Bodenverbände sind zuständig zur Entscheidung über die in den §§ 12, 27, 87 Abs. IV, 88 Abs. III, 89 Abs. II, 90, 91, 94 und 95 der ersten Verordnung über Wasser- und Bodenverbände angegebenen Beschwerden.

3. Die Oberste Umlegungsbehörde als Spruchstelle ist zuständig zur Entscheidung über das Rechtsmittel der weiteren Beschwerde, die dann zulässig ist, wenn die Obere Umlegungsbehörde als Spruchstelle in ihrem Beschluß diese wegen grundsätzlicher Bedeutung der Angelegenheit zuläßt. Die weitere Beschwerde kann ferner eingelegt werden, wenn in den Fällen der §§ 53 Abs. II und 57 die Geldabfindung mehr als RM 500.— beträgt. Die Oberste Spruchstelle für Wasser- und Bodenverbände ist zuständig zur Entscheidung über das Rechtsmittel der weiteren Beschwerde gegen die Entscheidungen der Spruchstelle für Wasser- und Bodenverbände, wenn diese in der Entscheidung wegen grundsätzlicher Bedeutung zugelassen

[234] RGBl. S. 933, §§ 133 ff.

ist oder wenn der Wert des Streitgegenstandes mehr als RM 500.— beträgt.

C. Verfahren.

Die allgemeinen Verfahrensvorschriften sind in den §§ 102 ff. der Reichsumlegungsordnung enthalten. Sie beziehen sich auf die Ladung der Beteiligten, auf die Ordnungswahrung in der Verhandlung (durch den Verhandlungsleiter), auf die Vertretungsbefugnis usw. Die Umlegungsbehörden entscheiden als Spruchstellen nach ihrer freien, aus den gesamten Verhandlungen und Ermittlungen gewonnenen Überzeugung (§ 99). Die Entscheidung ergeht als Beschluß.

Das Verfahren vor den Spruchstellen ist kein Verwaltungsstreitverfahren. Es ist ein Verfahren eigener Art und ist systematisch erst einzugliedern, wenn das Reichsverwaltungsgesetz vorliegt[235].

D. Rechtsnatur. — Verhältnis zu anderen Gerichten.

Die Spruchstellen der Umlegungsbehörden, der Oberen Umlegungsbehörden und der Obersten Umlegungsbehörde sind systematisch bei den Verwaltungsgerichtsbehörden einzugliedern[236].

Das Verhältnis der Spruchstellen zu den ordentlichen Gerichten und Verwaltungsgerichten ist in den §§ 90—93 RUO näher geregelt. Danach steht den Spruchstellen die Entscheidung von Streitigkeiten über die durch die Umlegung betroffenen Rechtsverhältnisse zu, wenn die Streitigkeiten durch die Umlegung hervorgerufen sind und mit ihr in einem inneren Zusammenhang stehen. Die ordentlichen Gerichte und Verwaltungsgerichte können nicht angerufen werden. Soweit aber streitig ist, ob ein Recht vor der Umlegung bestanden oder welchen Umfang oder Inhalt ein vor der Umlegung bestehendes Recht hat, entscheiden ausschließlich die ordentlichen Gerichte (§ 90). Bei Streitigkeiten, zu deren Entscheidung die ordentlichen Gerichte zuständig sind, können die Umlegungsbehörden die Oberen Umlegungsbehörden und die Oberste Umlegungsbehörde die für die Durchführung der Umlegung erforderliche Festsetzung über den Streitwert treffen. Wird den Umlegungsbehörden eine rechtskräftige Entscheidung der ordentlichen Gerichte bekannt, so haben sie ihr Rechnung zu tragen (§ 91 RUO).

Besteht zwischen der Umlegungsbehörde, der Oberen und Obersten Umlegungsbehörde und dem Gericht Streit über die Zulässigkeit des Rechtsweges, so finden die nach § 17 Abs. II GVG ergangenen Landesgesetze Anwendung: § 93 RUO. (Vgl. S. 121.)

---

[235] Vgl. Niermann, S. 812.

[236] Siehe [235].

B. Marktschiedsgerichte.

Schrifttum:

Hamann: Schiedsgerichtsbarkeit des Reichsnährstandes, Köln 1936;
Reischle-Saure: Der Reichsnährstand, 2. Aufl., Berlin 1936;
Gebhard-Merkel: Das Recht der landwirtschaftlichen Marktordnung, München 1937;
Herms: Die Zuständigkeit der Reichsnährstandsgerichte in bürgerlichen Rechtsstreitigkeiten, Stuttgart 1938.

Die Rechtsgrundlagen für die Einrichtung und Zuständigkeit der Marktschiedsgerichte und für das Verfahren vor diesen enthält die auf Grund des § 10 des Reichsnährstandsgesetzes vom 13. IX. 1933 (RGBl. S. 626) und des § 2 des Gesetzes über den Zusammenschluß von Mühlen vom 15. IX. 1933 (RGBl. S. 627) ergangene Verordnung über die Bildung von Schiedsgerichten für die landwirtschaftliche Marktregelung vom 26. II. 1935[237]. Diese Verordnung hat das bisher in den Einzelverordnungen zerstreute Recht der Marktschiedsgerichte beim Reichsnährstand selbst und bei den Zusammenschlüssen vereinheitlicht. Sie bildet nunmehr die Grundlage der gesamten Marktschiedsgerichtsbarkeit. Zur Entscheidung über Streitigkeiten, die im Rahmen der Marktordnung entstehen, sind Schiedsgerichte und ein Oberschiedsgericht gebildet.

Diese Marktschiedsgerichte sind nicht mit den sogen. Lieferschiedsgerichten des Reichsnährstandes zu verwechseln (siehe S. 127).

A. Einrichtung:

1. der Marktschiedsgerichte.

Entsprechend der Zuweisung von Marktregelungsaufgaben sowohl an den Reichsnährstand selbst wie an die zur Durchführung der Marktordnung gebildeten Zusammenschlüsse hat man zwischen den unmittelbar beim Reichsnährstand und den bei den Zusammenschlüssen gebildeten Marktschiedsgerichten zu unterscheiden. Die Schiedsgerichte beim Reichsnährstand für die auf Grund des § 2 RNG[238] unmittelbar geordneten Märkte sind am Sitz der Landesbauernschaften, die Schiedsgerichte bei den Zusammenschlüssen sind am Sitz der Zusammenschlüsse gebildet[239] (§ 2 der VO).

Die Marktschiedsgerichte entscheiden in der Besetzung von einem Obmann und zwei Beisitzern. Der Obmann, der vom Reichsminister für Ernährung und Landwirtschaft auf die Dauer von zwei Jahren berufen wird, muß die Befähigung zum Richteramt haben. Die Beisitzer werden von den Parteien ernannt. In weniger bedeutenden Streitigkeiten kann der Obmann allein entscheiden (§§ 6 und 8 der VO).

2. des Oberschiedsgerichtes.

Das Oberschiedsgericht mit dem Sitz in Berlin ist gemeinsame Berufungsinstanz sowohl für die beim Reichsnährstand als auch für

---

[237] RGBl. S. 293.
[238] Vom 13. IX. 1933 (RGBl. S. 626).
[239] Vgl. die Übersicht der z. Zt. bestehenden Marktschiedsgerichte bei Herms, S. 6.

die bei den Zusammenschlüssen gebildeten Schiedsgerichte (vgl. § 2 Abs. II der VO).

Es entscheidet in der Besetzung von einem Obmann und zwei Beisitzern; in Fällen von besonderer Tragweite können aber vier Beisitzer bestellt werden. Der Reichsminister für Ernährung und Landwirtschaft beruft den Obmann, der die Befähigung zum Richteramt haben muß, auf die Dauer von zwei Jahren. Die Beisitzer werden von den Parteien ernannt (vgl. §§ 7 und 8 der VO).

B. Zuständigkeit.

1. Die Zuständigkeit der Marktschiedsgerichte

weist in den beiden Gruppen: Reichsnährstand — Marktzusammenschluß, einige Verschiedenheiten auf.

1. Die Schiedsgerichte beim Reichsnährstand können angerufen werden:

a) bei Festsetzung von Ordnungsstrafen,

b) bei sonstigen Maßnahmen, die sich nur gegen einzelne Angehörige des Reichsnährstandes richten,

c) bei Maßnahmen allgemeiner Art mit Ausnahme der Festsetzung von Preisen und Preisspannen, wenn die Anrufung damit begründet wird, daß die Durchführung der angefochtenen Maßnahme für die betroffene Person oder den betroffenen Betrieb mit Rücksicht auf die besonderen Verhältnisse eine unbillige Härte darstellen würde (§ 3 Abs. III der VO).

Wenn ein beim Reichsnährstand gebildetes Schiedsgericht angerufen wird, kann es sich danach immer nur um einen Streit über die Zulässigkeit oder Tragweite einer Maßnahme zwischen einem Betroffenen und dem Reichsnährstand handeln, der nach der überlieferten Abgrenzung dem öffentlichen Recht angehört, weil es sich im Einzelfall um die Zulässigkeit der Ausübung hoheitlicher Gewalt handelt[240].

2. Die Zuständigkeit der Schiedsgerichte bei den Zusammenschlüssen ist nach § 3 Abs. II der VO gegeben:

a) In den Fällen, die in den Verordnungen über die Bildung dieser Zusammenschlüsse oder in deren Satzungen besonders vorgesehen sind.

Die Verordnungen über die Bildung der Zusammenschlüsse und die Satzungen sehen die Zuständigkeit des Schiedsgerichtes vor bei Streitigkeiten über das Bestehen, den Beginn oder das Ende der Mitgliedschaft[241], bei Streitigkeiten über die Beitragspflicht[242], bei Ein-

[240] Vergl. Herms, S. 7.

[241] Z. B. § 4 Ziff. 5 der Satzung des Kartoffelwirtschaftsverbandes, RNVbl. 1935 S. 251 und § 4 Ziff. 6 der Satzung des Milch-Verband., RNVbl. 1936 S. 305 (vgl. Herms S. 7).

[242] Z. B. § 11 der Satzung der Hauptvereinigung der Kartoffelwirtschaft (RNVbl. 1935 S. 253).

sprüchen gegen Ordnungsstrafen[243] und bei Streitigkeiten über Entschädigungen und Sonderleistungen[244].

b) Bei sämtlichen Streitigkeiten zwischen Mitgliedern der Zusammenschlüsse, die aus marktregelnden Maßnahmen mit unmittelbarer Wirkung gegen beide Parteien entstehen (§ 3 Abs. II Ziff. 2 der VO)[245].

II. Das Oberschiedsgericht

ist als Berufungsgericht gegen die Entscheidungen der Schiedsgerichte zuständig (§ 5 der VO):

1. bei vermögensrechtlichen Streitigkeiten, wenn der Wert des Streitgegenstandes 6000 RM übersteigt,
2. bei Streitigkeiten über die Genehmigung der Neuerrichtung oder Erweiterung sowie über die Einschränkung oder Stillegung von Betrieben,
3. im übrigen, soweit dies in den Satzungen ausdrücklich vorgesehen ist,
4. bei Ordnungsstrafen von mehr als 1000 RM im einzelnen Fall,
5. wenn das Schiedsgericht die Entscheidung mit Rücksicht auf ihre Tragweite oder ihre Grundsätzlichkeit für berufungsfähig erklärt hat.

C. Verfahren.

Von den Bestimmungen über das Verfahren vor den Marktschiedsgerichten sind hervorzuheben, daß das Schiedsgericht den Sachverhalt von Amts wegen erschöpfend zu klären hat, daß es Zeugen und Sachverständige nicht zum Erscheinen zwingen oder beeidigen kann; auch kann es den erlassenen Schiedsspruch nicht selbst für vollstreckbar erklären. Für die Vollstreckbarkeitserklärung ist das Amtsgericht zuständig. Soweit in der Verordnung nichts anderes bestimmt ist, finden die Bestimmungen des 10. Buches der ZPO Anwendung (§ 29 der VO).

D. Rechtsnatur — Verhältnis zur ordentlichen Gerichtsbarkeit.

1. Die Verordnung bezeichnet die Marktgerichte als „Schiedsgerichte". Diese Bezeichnung ist nicht glücklich gewählt, denn es handelt sich bei diesen Gerichten nicht um solche, die auf Grund eines privatrechtlichen Vertrages, sondern auf staatliche Anordnung hin tätig werden[246]. Sie entscheiden nicht bloß über gewisse bürgerliche Streitigkeiten, sondern meist über öffentlich-rechtliche Streitigkeiten einzelner Mitglieder mit den Trägern der hoheitlichen Markt-

---

[243] Z. B. § 9 Ziff. 3 der Satzung des Kartoffelwirtschaftsverbandes.

[244] Z. B. § 5 Abs. III der VO vom 18. IV. 1935, RGBl. S. 550.

[245] Z. B. nach § 10 Abs. I Satz 2 der VO über den Zusammenschluß der Deutschen Zuckerwirtschaft vom 10. XI. 1934, RGBl. S. 1173; vgl. Herms S. 23.

[246] Vgl. Hamann, S. 8.

ordnung. Die Marktschiedsgerichte sind daher keine privaten Schiedsgerichte, sondern öffentliche Gerichte.

Die Marktschiedsgerichte sind nach der hergebrachten Einteilung in der Hauptsache Verwaltungsgerichte, zum geringeren Teil auch besondere Gerichte im Sinne des § 13 GVG, soweit sie nämlich nach § 3 Abs. II Ziff. 2 der VO unter Ausschluß der ordentlichen Gerichte zur Entscheidung bürgerlich-rechtlicher Streitigkeiten berufen sind[247].

2. § 29 der Verordnung bestimmt über das Verhältnis der Markt- zur ordentlichen Gerichtsbarkeit, daß auf das Verfahren vor dem Marktschiedsgericht ergänzend die Bestimmungen des 10. Buches der ZPO anzuwenden sind. Weitere ausdrückliche Bestimmungen hierüber enthält die Verordnung nicht, sondern sie läßt die Frage nach dem Verhältnis der Markt- zur ordentlichen Gerichtsbarkeit im übrigen offen. Über die Stellungnahme zu diesem Problemkreis ist auf die Ausführungen bei Herms S. 10 ff. zu verweisen.

V. Auf dem Gebiet der Schiffahrt.

1. Seeämter — Reichsoberseeamt.

Schrifttum:

Borghard-Fulst: Seeverkehrsrecht, Berlin 1928.
Budde: Seestraßenordnung usw., 9. Aufl., Hamburg 1937, S. 109 ff;
Perels: Öffentliches Seerecht, Berlin 1884.

In den wichtigsten deutschen Hafenplätzen sind Seeämter eingerichtet, denen nach dem Gesetz über die Untersuchung von Seeunfällen vom 28. IX. 1935[248] die Untersuchung von Seeunfällen obliegt, wenn ein öffentliches Interesse dafür vorliegt. Als Rechtsmittelinstanz gegen die Entscheidungen der Seeämter ist das Reichsoberseeamt in Hamburg errichtet.

A. Einrichtung:

1. der Seeämter (§§ 6 ff. SUG).

Die Errichtung der Seeämter und die Bestimmung ihrer Aufsichtsbehörden steht den obersten Behörden der Länder zu. Die Festsetzung der Zahl der Seeämter sowie die Abgrenzung der Seeamtsbezirke ist dagegen der Reichsregierung vorbehalten. Diese führt auch die oberste Aufsicht über die Seeämter (§ 6). Es bestehen folgende Seeämter: Königsberg, Stettin, Stralsund, Rostock, Lübeck, Flensburg, Tönning (Husum), Hamburg, Bremerhaven, Brake und Emden[249]. Diese Seeämter können auch außerhalb ihres Sitzes und Bezirks im Reichsgebiet tagen und Untersuchungshandlungen vornehmen.

Jedes Seeamt besteht aus einem Vorsitzenden und vier Beisitzern. Der Vorsitzende und sein Stellvertreter müssen die Befähi-

[247] Vgl. Herms, S. 9.
[248] RGBl. S. 1183.
[249] Nach dem Jahrbuch für die Deutsche Handelsmarine, 1935.

gung zum Richteramt haben. Die Ernennung des Vorsitzenden erfolgt entweder für die Dauer eines von ihm bekleideten anderen Amtes oder auf Lebenszeit (§ 7). Über die Berufung der Beisitzer vgl. § 8 SUG.

Für jedes Seeamt oder für mehrere Seeämter wird zur Wahrung der öffentlichen Belange ein Reichskommissar von der Obersten Reichsbehörde bestellt (§ 9). Dieser ist berechtigt, auch zur Einleitung und Vorbereitung der Untersuchung Anträge zu stellen und in jeder Lage der Untersuchung die Akten einzusehen. Er hat eine ähnliche Stellung wie der Staatsanwalt im Strafverfahren. Der Reichskommissar beim Seeamt vertritt den Untersuchungsfall auch vor dem Reichsoberseeamt (§ 11 Abs. IV Satz 2).

2. Des Reichsoberseeamtes (§ 11 SUG).

Im Gegensatz zur früheren Bezeichnung als „Oberseeamt" ist die Bezeichnung nach dem neuen Seeunfallgesetz „Reichsoberseeamt". Es hat seinen Sitz nicht mehr in Berlin, sondern in Hamburg.

Das Reichsoberseeamt besteht aus einem Vorsitzenden und sechs Beisitzern. Von den Beisitzern müssen wenigstens drei der Schiffahrt kundig sein; einer von ihnen muß die Befähigung zum Kapitän auf großer Fahrt besitzen und mindestens ein Jahr ein Schiff geführt haben. Den Vorsitzenden und einen schiffahrtskundigen, ständigen Beisitzer sowie ihre Stellvertreter ernennt der Führer und Reichskanzler. Im übrigen werden die Beisitzer einer Beisitzerliste entnommen, welche für zeitliche Räume von drei Jahren von der Obersten Reichsbehörde aus den Beisitzerlisten der Seeämter aufgestellt werden.

B. Zuständigkeit.

1. Vor den Seeämtern werden Seeunfälle untersucht, wenn ein öffentliches Interesse vorliegt (§ 1). Nach § 2 SUG kann das Seeamt eine Untersuchung insbesondere dann einleiten:

a) wenn ein Seefahrzeug einen Schaden in seinem Bestand oder Betriebe erlitten oder einen Schaden angerichtet hat,
b) jemand im Bereich des Betriebes eines Seefahrzeuges an seinem Körper oder seiner Gesundheit stark verletzt worden ist oder seinem Leben ein Ende zu machen versucht hat. Einem Seefahrzeug steht in diesen Fällen ein Binnenschiff innerhalb der Seegrenzen gleich.

Das Seeamt muß eine Untersuchung einleiten, wenn bei dem Seeunfall ein Fahrzeug gesunken oder aufgegeben worden ist, bei dem Seeunfall jemand den Tod erlitten hat, ein Fahrzeug verschollen ist oder die oberste Reichsbehörde die Einleitung der Untersuchung angeordnet hat (§ 3)[250].

In dem Spruch, den es erläßt, kann es den Inhaber einer deutschen Gewerbebefugnis als Kapitän, Seeschiffer, Seesteuermann diese Gewerbebefugnis entziehen, wenn er durch sein Verschulden am

[250] Über einschränkende Bestimmungen vgl. § 4 SUG.

Unfall oder durch sein Verhalten bei Gelegenheit des Unfalls erwiesen hat, daß ihm eine Eigenschaft fehlt, die zur Ausübung dieses Gewerbes erforderlich ist (§ 26).

2. Das Reichsoberseeamt ist zur Verhandlung und Entscheidung über das Rechtsmittel der Berufung zuständig, wenn der Spruch des Seeamtes eine Gewerbebefugnis entzieht oder in seiner Formel das schuldhafte Verhalten eines Beteiligten feststellt (vgl. § 25 Abs. IV). Sowohl der Betroffene als auch der Reichskommissar kann die Berufung an das Reichsoberseeamt einlegen. Der Reichskommissar kann die Berufung außerdem noch einlegen, wenn im Spruch seinen Anträgen auf Entziehung einer Gewerbebefugnis oder auf Feststellung des schuldhaften Verhaltens eines Beteiligten nicht entsprochen oder auf Entziehung einer Gewerbebefugnis oder Feststellung des Verschuldens eines Beteiligten ohne oder gegen seinen Antrag erklärt worden ist (§ 34).

C. Verfahren.

Verfahrensvorschriften enthalten die §§ 12 ff. SUG. Besonders erwähnenswert ist, daß die Gerichte, Staatsanwaltschaften, Strandämter, Seemannsämter, Schiffsregister-, Hafen- und Polizeibehörden, Seeberufsgenossenschaften und die anderen Seeämter die zu ihrer amtlichen Kenntnis gelangten Seeunfälle dem als zuständig erachteten Seeamt unmittelbar anzuzeigen haben. Das Verfahren selbst findet in einer öffentlichen Sitzung statt (§ 18). Der Spruch, der am Schluß der Hauptverhandlung verkündet wird, muß in seiner Formel Ort, Zeit und Ursache des Seeunfalles, gegebenenfalls ein schuldhaftes Verhalten eines Beteiligten feststellen (§ 25 Abs. II). In der Berufungsinstanz vor dem Reichsoberseeamt unterliegt der Spruch der Nachprüfung nur, soweit er angefochten ist (§ 38). Die Rechtsmittelfrist beträgt zwei Wochen.

D. Rechtsnatur — Verhältnis zu anderen Behörden.

Der Rechtsnatur nach sind die Seeämter und das Reichsoberseeamt keine Sondergerichte für Seerechtssachen, d. h. keine Gerichte, deren Aufgabe es ist, alle Seesachen, die der Zivil-, der Straf- oder der Verwaltungsgerichtsbarkeit abzuurteilen. Die Seezivil- und die Seestrafgerichtsbarkeit bleiben vielmehr in Händen der ordentlichen Gerichte.

Die Seeämter und das Reichsoberseeamt sind besondere Verwaltungsbehörden mit gerichtlicher Organisation. Soweit sie aber darüber zu entscheiden haben, ob dem Schiffer, Steuermann usw. die Befugnis zum ferneren Betrieb seines Gewerbes zu belassen oder zu entziehen ist, ist ihre Funktion eine verwaltungsgerichtliche. Haben sie festzustellen, welches die Ursachen des Seeunfalles gewesen sind, so ist ihre Tätigkeit eine begutachtende.

Auf dem Gebiet des Verfahrens ist eine Nachbildung des Strafprozeßverfahrens z. T. nicht zu verkennen.

Die Sprüche der Seeämter und des Oberseeamtes sind insoweit von rechtsverbindlicher Wirkung, als Patententziehung in Frage kommt. Darüber hinaus haben sie die Bedeutung eines Gutachtens. Sie sind jedoch nicht bindend für die ordentlichen Gerichte[251].

2. *Seemannsämter.*

Schrifttum:

v. Hippel: Seemannsordnung, 1902;
Ehrenberg: Handbuch des gesamten Handelsrechts, VII. Bd., 2. Abt., Leipzig 1923;
Borghard-Fulst: Seeverkehrsrecht, Berlin 1928.

Die Seemannsämter sind die zur Durchführung der Seemannsordnung vom 2. VI. 1902[252] berufenen Behörden. In Preußen sind die Seemannsämter aus den Musterungsbehörden hervorgegangen.

Die gleiche Entwicklung ist in den übrigen Ländern festzustellen. Im Ausland sind als Seemannsämter die Konsulate der Hafenplätze zuständig. Ihre Tätigkeit richtet sich hier nach dem Konsulatsgesetz vom 8. November 1867[253] (§§ 32—37). (Diese Arbeit beschränkt sich auf die Darstellung der preußischen Seemannsämter.)

A. Einrichtung.

Nach § 5 SMO steht die Einrichtung der Seemannsämter den Landesregierungen nach Maßgabe der Landesgesetze zu. In Preußen bestimmt sich die Einrichtung der Seemannsämter nach der Dienstanweisung für die preußischen Musterungsbehörden vom 21. III. 1903[254]. Danach sind die Seemannsämter mit einem Vorsitzenden und zwei schiffahrtskundigen und im Schiffsdienst erfahrenen Beisitzern besetzt, die nebst den Stellvertretern des Vorsitzenden und der Beisitzer von dem Regierungspräsidenten vorbehaltlich jederzeitigen Widerrufs ernannt werden (Ziff. 2 Satz 2).

Die Seemannsämter entscheiden in der Regel bei Anwesenheit des Vorsitzenden und zwei Beisitzern oder ihren Stellvertretern. In den Fällen, in denen die Anwesenheit der drei Mitglieder nach Lage der örtlichen Verhältnisse ohne wesentliche Verzögerung der Sache nicht zu erreichen ist, insbesondere in dringenden Fällen, kann der Vorsitzende oder dessen Stellvertreter allein entscheiden (Ziff. 3 Satz 2).

Die Seemannsämter und die Hafenpolizeibehörden in ihrer Eigenschaft als Seemannsämter sind dem Regierungspräsidenten, in dessen Verwaltungsbezirk sie ihren Sitz haben, unmittelbar untergeordnet (Ziff. 2 Satz 1).

B. Zuständigkeit.

Die Seemannsämter sind für die ihnen durch die Seemannsordnung überwiesenen Obliegenheiten und Befugnisse hinsichtlich aller

---

[251] Vgl. Budde, S. 111.

[252] RGBl. S. 175 mit den bish. erg. Änd., s. Dehlinger G V (1938).

[253] Bundesgesetzblatt S. 137.

[254] In der Beilage zu Nr. 6 des Ministerialblattes der Handels- u. Gewerbeverwaltung 1903 S. 95, erläutert am 31. V. 1905, HMBl. S. 136.

6*

Kauffahrteischiffe, welche das Recht haben, die Reichsflagge zu führen, zuständig. In Ansehung anderer Schiffe und ihrer Besatzungen sind sie nicht zuständig (Ziff. 1).

Die Aufgaben der Seemannsämter umfassen:

1. Akte der Freiwilligen Gerichtsbarkeit, so bei der Anmusterung; diese ist die Verlautbarung des Heuervertrages vor dem Seemannsamt (§ 13 SO). Sie geschieht in einer Verhandlung, die gleichzeitig alle Verträge des Schiffers mit seiner Mannschaft, insbesondere die Arbeitsbedingungen usw. nach der vom Treuhänder der Arbeit für die Seeschiffahrt gegebenen Tarifordnung umfaßt. Die Anmusterungsverhandlung wird in einer Musterrolle protokolliert, die der Schiffer erhält. Für die Abmusterung gilt Entsprechendes (vgl. die §§ 18 ff. SO). Die An- und Abmusterung wird in das Seefahrtsbuch eines jeden Schiffsmannes, das er sich bereits vor Abschluß des Heuervertrages vom Seemannsamt ausstellen lassen muß, vermerkt (vgl. § 7 Abs. I SO).

Das Seemannsamt ist ferner zuständig bei der Beurkundung von Geburts- und Sterbefällen auf Seeschiffen während der Reise: § 62 Personenstandsgesetz vom 6. II. 1875; jetzt § 42 Personenstandsgesetz vom 3. XI. 1937[255].

2. Akte der Zivilgerichtsbarkeit.

Die Seemannsämter können im Inland unter Vorbehalt des Rechtsweges bei allen zivilen Rechtsstreitigkeiten über Antritt oder Fortsetzung des Dienstes nach der Anmusterung Entscheidungen erlassen (§ 130 SO). Sie können auch über gewisse Vergütungsansprüche des Schiffsmannes unter Vorbehalt des Rechtsweges entscheiden bzw. vorläufige Festsetzungen treffen (§§ 57 Abs. III, 59 Abs. V und VI, 60 Abs. II, 61 Abs. III, 66 Abs. III, 69 Abs. II, 72 Abs. II SO) und hinsichtlich der Entlassung vorläufig bzw. endgültige Entscheidungen fällen (§§ 74 Ziff. 5, 77 SO).

3. Die Ausübung einer Schlichtungstätigkeit bei Streitigkeiten zwischen Kapitän und Schiffsmann (§ 128 SO).

4. Die Prüfung von Beschwerden namentlich wegen Seeuntüchtigkeit des Schiffs und mangelnder Verpflegung (§ 58 SO).

5. Akte der Strafgerichtsbarkeit (§§ 122 ff. SO).

6. Akte der Disziplinargerichtsbarkeit (§ 33 SO).

7. Von den sonstigen Aufgaben sind zu nennen: die Überwachung der Befolgung der vom Treuhänder der Arbeit für die Schiffahrt gegebenen Tarifordnung, die Mitwirkung bei der Heuerzahlung, die Entscheidungsbefugnis der Verteilung von Berge- und Hilfslöhnen auf Einspruch (§ 749 Abs. III HGB).; die Entfaltung einer Fürsorgetätigkeit in Krankheits- und Todesfällen (§§ 59 ff. SO; § 553 Abs. V HGB; §§ 1 ff. HeimschG.[256]; §§ 1107 ff., 1113, 1208, 1214, 1215, 1747 ff., 1770 RVO).

[255] RGBl. S. 1146. Anm.: Eine neue Regelung durch den RJM und RMdI im Benehmen mit den sonst beteiligten Reichsministern ist bisher nicht erfolgt. Es bleibt also bei dem bisherigen Rechtszustand.

[256] Vom 2. VI. 1902, RGBl. S. 212.

C. Verfahren.

Eine Verfahrensregelung ist nur für Straffälle vorgesehen[257]. In den übrigen Angelegenheiten steht die Gestaltung des Verfahrens im freien Ermessen des Vorsitzenden.

D. Rechtsnatur.

Soweit die Seemannsämter in Angelegenheiten der streitigen und freiwilligen Gerichtsbarkeit und in Verwaltungsangelegenheiten tätig werden, sind sie ihrer Rechtsnatur nach Verwaltungsbehörden mit gerichtlicher Organisation.

3. Prisengerichte — Oberprisengericht.

Entscheidende Behörden in Prisensachen sind die Prisengerichte und das Oberprisengericht[258]. Beginn und Beendigung der Prisengerichtsbarkeit sowie Sitz und Bezirk der Prisengerichte wird jedesmal durch besondere Verordnung bekannt gemacht. Die während des letzten Krieges durch Verordnung vom 3. VIII. 1914[259] in Kraft gesetzte Prisengerichtsbarkeit ist seit dem 1. II. 1923 beendet[260].

A. Einrichtung:

1. der Prisengerichte (§ 5 PGO).

Die Prisengerichte entscheiden in der Besetzung von fünf Mitgliedern mit Einschluß des Vorsitzenden. Der Vorsitzende und ein Mitglied müssen rechtskundig sein. Von den übrigen Beisitzern soll je einer ein Seeoffizier, ein Vertreter des Reedergewerbes und ein Vertreter des Seehandels sein. Das Amt der Prisenrichter ist ein Ehrenamt.

2. des Oberprisengerichtes (§ 6 PGO).

Das Oberprisengericht entscheidet in der Besetzung von sieben Mitgliedern einschließlich des Vorsitzenden. Der Vorsitzende und zwei Beisitzer müssen rechtskundig sein. Von den übrigen Beisitzern soll je einer ein Vertreter des Auswärtigen Amtes, ein Seeoffizier, ein Vertreter des Reedergewerbes und ein Vertreter des Seehandels sein.

3. Bei dem Oberprisengericht und jedem Prisengericht wird außerdem ein Kommissar bestellt, der die Interessen des Reiches wahrzunehmen hat (§ 9 PGO).

B. Zuständigkeit.

Gegenstand der Prisengerichtsbarkeit ist die Entscheidung über die Rechtmäßigkeit der in einem Kriege gemachten Prise. Prisen

---

[257] VO vom 13. III. 1903, RGBl. S. 42.

[258] Rechtsgrundlagen: Gesetz betr. die Prisengerichtsbarkeit vom 1. V. 1884, RGBl. S. 49; Prisengerichtsordnung vom 15. IV. 1911, RGBl. 1914 S. 301 und die Ausführungsbestimmungen vom 15. IV. 1911 und vom 3. VIII. 1914, RGBl. S. 315, mit den bish. erg. Änderungen, s. bei Dehlinger (1938) A, IV.

[259] RGBl. S. 314.

[260] VO vom 22. II. 1923, RGBl. S. 72.

sind feindliche oder neutrale Kauffahrteischiffe sowie auf solchen Schiffen befindliche feindliche oder neutrale Güter, sofern sie in Ausübung des Prisenrechts in Beschlag genommen werden (§§ 1 und 2 PGO).

Entscheidende Behörden in Prisensachen sind in erster Instanz die Prisengerichte und in zweiter Instanz das Oberprisengericht in Berlin (§ 3 PGO). Das Oberprisengericht ist zuständig für die Verhandlung und Entscheidung über die Rechtsmittel der Berufung und Beschwerden gegen die Urteile und Beschlüsse der Prisengerichte (§ 13 PGO).

C. Verfahren.

Es sind zu unterscheiden:

das vorbereitende Verfahren (§§ 14 ff. PGO) und
das Verfahren vor den Prisengerichten (§§ 24 ff. PGO).

Im vorbereitenden Verfahren werden die Prisenämter tätig, in dem Hauptverfahren die Prisengerichte und das Oberprisengericht. Im Hauptverfahren gelten die Grundsätze der Mündlichkeit und Öffentlichkeit (§ 32 PGO). Die Prisengerichte entscheiden durch Urteil (§ 35 PGO). Über das Berufungsverfahren vgl. die §§ 39 ff. PGO.

VI. Auf dem Gebiet der Sozialversicherung, des Fürsorge- und Versorgungswesens.

1. Behörden zur Entscheidung von Streitigkeiten auf dem Gebiet der Sozialversicherung.

Schrifttum:

Engel-Eckert: Die Reichsversicherungsgesetze nach dem neuesten Stand, München-Berlin 1938;
Eichelsbacher: Reichsversicherungsordnung, München 1935;
Jaeger: Angestelltenversicherungsgesetz, München 1936;
Fischer: Arbeitslosenvermittlungs- und Arbeitslosenversicherungsgesetz, 6. Aufl., Stuttgart 1937;
Thielmann: Reichsknappschaftsgesetz, Berlin 1935;
Richter: Sozialversicherungsrecht, Berlin 1931.

Die Einrichtung und Zuständigkeit der Behörden, welche über Streitigkeiten auf dem Gebiet der Sozialversicherung zu entscheiden haben, sind in der Hauptsache in der Reichsversicherungsordnung[261], in dem Angestelltenversicherungsgesetz[262], dem Reichsknappschaftsgesetz[263], dem Arbeitslosenvermittlungs- und Arbeitslosenversiche-

[261] RVO i. d. Fass. der Bekanntm. vom 15. XII. 1924, RGBl. S. 779, mit den bish. erg. Änd. s. Dehlinger (1938) E IV, 2

[262] AVG i. d. Fass. vom 28. V. 1924, RGBl. S. 563, mit den bish. erg. Änd., s. Dehlinger (1938) E IV, 3.

[263] RKnG. i. d. Fass. vom 1. VII. 1926, RGBl. S. 369 mit den bish. erg. Änd., s. Dehlinger (1938) E IV, 4.

rungsgesetz[264] und einigen Verordnungen über den Geschäftsgang und das Verfahren[265] geregelt.

Die zur Verhandlung und Entscheidung über Streitigkeiten auf dem Gebiet der Sozialversicherung zuständigen Behörden sind die Versicherungsämter, die Oberversicherungsämter und das Reichsversicherungsamt. Daneben bestehen für bestimmte Versicherungszweige, wie z. B. für die Knappschaftsversicherung, teilweise besondere Behörden.

A. Einrichtung:

1. der Versicherungsämter (§§ 36 ff. RVO).

Die Versicherungsämter sind bei den unteren Verwaltungsbehörden errichtet. Die oberste Verwaltungsbehörde kann bestimmen, daß für die Bezirke mehrerer unterer Verwaltungsbehörden bei einer dieser Behörden ein gemeinsames Versicherungsamt errichtet werden kann (§ 36).

Jedes Versicherungsamt ist mit einem Vorsitzenden sowie den notwendigen Stellvertretern und Versicherungsvertretern besetzt. Vorsitzender des Versicherungsamtes ist gewöhnlich der Leiter der unteren Verwaltungsbehörde (vgl. § 39). Jedes Versicherungsamt bildet einen oder mehrere Spruchausschüsse für die Sachen, die das Gesetz dem Spruchverfahren überweist, sowie einen Beschlußausschuß für die dem Beschlußverfahren überwiesenen Sachen. Die Ausschüsse bestehen aus dem Vorsitzenden des Versicherungsamtes und je einem Versicherungsvertreter der Arbeitgeber und der Versicherten (§§ 56 und 57 RVO).

2. der Oberversicherungsämter (§ 61 ff. RVO).

Die Oberversicherungsämter sind in der Regel für den Bezirk einer höheren Verwaltungsbehörde errichtet. Sie sind entweder einer höheren Reichs- oder Landesbehörde angegliedert (in Preußen den Regierungen) oder als selbständige Landesbehörden errichtet (§§ 61—67).

Das Oberversicherungsamt besteht aus dem Direktor, den beamteten Mitgliedern und den Beisitzern aus den Kreisen der Arbeitgeber und der Versicherten. Jedes Oberversicherungsamt bildet eine oder mehrere Spruchkammern für die Sachen, die das Gesetz dem Spruchverfahren überweist, sowie eine oder mehrere Beschlußkammern für die dem Beschlußverfahren überwiesenen Sachen. Die Spruchkammer besteht aus einem Mitglied des Oberversicherungsamtes als dem Vorsitzenden und je einem Beisitzer der Arbeitgeber und Versicherten. Die Beschlußkammer besteht aus dem Vorsitzenden des Oberversicherungsamtes, einem zweiten Mitglied und je einem Beisitzer der Arbeitgeber und der Versicherten (§§ 77, 78).

---

[264] AVAVG i. d. Fass. vom 12. X. 1929, RGBl. S. 162 mit den bish. erg. Änd., s. Dehlinger (1938) E, III.
[265] Abgedr. bei Engel-Eckert.

3. des Reichsversicherungsamtes (§§ 83 ff. RVO).

Das Reichsversicherungsamt mit dem Sitz in Berlin ist die oberste Spruch-, Beschluß- und Aufsichtsbehörde der Sozialversicherung. Es besteht aus ständigen und nichtständigen Mitgliedern. Der Präsident, die Direktoren, Senatspräsidenten und sonstigen ständigen Mitglieder werden vom Führer und Reichskanzler ernannt. Die übrigen Beamten ernennt der Reichsarbeitsminister. Von den 32 nichtständigen Mitgliedern sind je 12 Vertreter der Arbeitgeber und der Versicherten. Über die Berufung der nichtständigen Mitglieder vgl. Art 1 § 1 der 7. VO zum Aufbau der Sozialversicherung vom 25. V. 1935[266].

Das Reichsversicherungsamt bildet Spruchsenate für die Sachen, die das Gesetz dem Spruchverfahren überweist, sowie Beschlußsenate für die dem Beschlußverfahren überwiesenen Sachen. Die Spruchsenate bestehen aus dem Vorsitzenden, einem ständigen Mitglied, einem richterlichen Beamten und je einem Beisitzer der Arbeitgeber und Versicherten. Die Beschlußsenate bestehen aus dem Präsidenten, einem Direktor oder einem Senatspräsidenten als Vorsitzenden, einem ständigen Mitglied und je einem Vertreter der Arbeitgeber und Versicherten. Für besondere Aufgaben ist der Große Senat gebildet, der aus dem Präsidenten, zwei ständigen Mitgliedern, zwei richterlichen Beamten und je zwei Vertretern der Arbeitgeber und Versicherten besteht.

B. Zuständigkeit.

Die Zuständigkeit der Versicherungsbehörden umfaßt die Aufsicht über die Versicherungsträger und die Rechtsprechung über Streitigkeiten in der Sozialversicherung.

1. Die Versicherungsämter haben:

a) die Aufsicht in der Krankenversicherung (§ 377 RVO),

b) die Rechtsprechung erster Instanz in der Krankenversicherung und soweit sie durch den Reichsarbeitsminister hierzu besonders bestimmt sind, auch in der Angestelltenversicherung.

Sie sind ferner Beschwerdeinstanz in Krankenversicherungs- und Invalidenversicherungsbeschlußsachen.

2. Die Oberversicherungsämter haben:

a) die Oberaufsicht in der Krankenversicherung,

b) die Rechtsprechung in zweiter Instanz in der Kranken-, Unfall-, Invaliden- und Arbeitslosenversicherung und soweit sie durch den Reichsarbeitsminister für zuständig erklärt sind, auch in der Angestelltenversicherung.

Sie sind ferner Beschwerdeinstanz in Beschlußsachen.

3. Das Reichsversicherungsamt hat:

a) die oberste Aufsicht in der Unfall-, Invaliden- und z. T. auch in der Krankenversicherung,

b) die oberste Rechtsprechung in allen Versicherungszweigen.

---

[266] RGBl. S. 694.

C. Verfahren.

Das Verfahren vor den Versicherungsbehörden ist in den §§ 1545 ff. RVO, den sonstigen Versicherungsgesetzen, sowie in den drei Verfahrensanordnungen[267] geregelt. Es ist das Spruchverfahren und das Beschlußverfahren zu unterscheiden. Soweit im Gesetz nicht das Spruchverfahren vorgeschrieben ist, ergehen die Entscheidungen im Beschlußverfahren (§§ 1780 ff. RVO). Das Spruchverfahren ist insbesondere für Streitigkeiten über die den Versicherungsträgern obliegenden Leistungen vorgeschrieben, das Beschlußverfahren ist für Streit über die Versicherungspflicht und über die Entrichtung von Beiträgen gegeben. In bestimmten Fällen entscheidet in beiden Verfahrensarten der Vorsitzende allein[268].

D. Einrichtung und Verfahren der Versicherungsbehörden nach den übrigen Gesetzen.

1. Nach dem Angestelltenversicherungsgesetz.

Die Spruchbehörden der Angestelltenversicherung sind einzelne vom Reichsarbeitsminister bestimmte Versicherungsämter und Oberversicherungsämter und als oberste Spruchbehörde das Reichsversicherungsamt. Bei diesen sind für die Angelegenheiten der Angestelltenversicherung besondere Ausschüsse, Kammern bzw. Senate gebildet (vgl. die §§ 131 ff. AVG)[269]. Für das Verfahren finden die für die Invalidenversicherung geltenden Vorschriften des 6. Buches der Reichsversicherungsordnung mit Ausnahme des § 1803 entsprechende Anwendung[270] [271].

2. Nach dem Reichsknappschaftsgesetz.

Das Reichsknappschaftsgesetz regelt die Versicherung der im Bergbau beschäftigten Arbeiter und Angestellten. Zur Entscheidung von Streitigkeiten in der Reichsknappschaftsversicherung sind in erster Instanz besondere Ausschüsse, in der höheren Instanz besondere Knappschaftsoberversicherungsämter und als oberste Spruch- und Beschlußbehörde das Reichsversicherungsamt (Knappschaftssenate) zuständig. Die Ausschüsse sind bei den Bezirksknappschaften gebildet. Die Knappschaftsoberversicherungsämter sind für den Bereich einer oder mehrerer Bezirksknappschaften nach den Vorschriften der Reichsversicherungsordnung über besondere Oberversicherungsämter gebildet (§ 199 RKnG.). Bei dem Reichsversicherungsamt sind besondere Knappschaftssenate gebildet (§202 RKnG). Das Verfahren ist für die einzelnen Versicherungszweige verschieden geregelt (vgl. die §§ 180, 191 ff. RKnG)[272].

[267] Vgl. Engel-Eckert im Anhang Nr. 9a ff.
[268] Z. B. §§ 1657 bis 1659, 1661 RVO.
[269] Siehe [262].
[270] Vgl. die §§ 77 bis 79 d. Ges. vom 21. XII. 1937, RGBl. S. 1400.
[271] Vgl. die Verfahrensanordnungen bei Engel-Eckart im Anhang Nr. 13 ff.
[272] Vgl. die Verfahrensanordnung bei Engel-Eckert im Anhang Nr. 16.

3. Nach dem Arbeitslosenvermittlungs- und Arbeitslosenversicherungsgesetz.

Für die Angelegenheiten nach dem Arbeitslosenvermittlungs- und Arbeitslosenversicherungsgesetz[273] sind besondere Spruchkammern bei den Oberversicherungsämtern und ein besonderer Spruchsenat beim Reichsversicherungsamt gebildet (§§ 30 und 31). Der Spruchausschuß, der beim Arbeitsamt gebildet und die unterste Instanz ist, ist ein besonderes Verwaltungsorgan der Reichsanstalt. Er ist keine Rechtsprechungsbehörde.

E. Rechtsnatur.

Die Versicherungsbehörden sind nach ihrer Tätigkeit teils rechtsprechende —, teils Verwaltungsbehörden. Vorwiegend Rechtsprechung ist das ganze Spruchverfahren, aber auch ein Teil des Beschlußverfahrens. Die Verfassung der Versicherungsbehörden ist aber im ganzen nicht die von Gerichten, sondern die von Behörden der reinen Verwaltung. Die Mitglieder, insbesondere soweit sie Berufsbeamte sind, genießen nicht die Bürgschaften der richterlichen Unabhängigkeit; nur ein Teil von ihnen wird auf Lebenszeit oder unwiderruflich ernannt. Aber auch soweit das der Fall ist, fehlen die sonstigen Bürgschaften (Unversetzbarkeit usw.). Die Mitglieder stehen grundsätzlich in verwaltungsmäßiger Unterordnung unter den Behördenvorstand und der Aufsichtsbehörde. Soweit allerdings die Versicherungsbehörden Rechtsprechung ausüben, sind die Mitwirkenden als Richter unabhängig und nur dem Gesetz unterworfen. Das gilt aber nur für die Tätigkeit in der einzelnen Sache. Richter[274] kommt zu dem Ergebnis, daß die Versicherungsbehörden ihrer Organisation nach nicht als Verwaltungsgerichte, sondern nur als Verwaltungsbehörden mit großenteils richterlichen Aufgaben angesehen werden können.

2. Schiedsämter — Zulassungsausschüsse.

Vorbemerkung: Während die Schiedsämter der Ärzte über Streitigkeiten zwischen den Ärzten und Krankenkassen, z. B. über die von der Krankenkasse zu gewährende Vergütung für einen vom Arzt behandelten Patienten, zu entscheiden haben, sind die Zulassungsausschüsse zur Entscheidung über Streitigkeiten, welche die Zulassung der Ärzte zu den Krankenkassen oder die Eintragung in das Arztregister betreffen, zuständig. Die Zulassungsausschüsse für Ärzte bestehen erst seit dem Inkrafttreten der Zulassungsordnung vom 17. V. 1934[275]. Vorher waren die Schiedsämter für Ärzte zur Entscheidung über Streitigkeiten in Zulassungsangelegenheiten der Ärzte zuständig.

Da die Schiedsämter für Zahnärzte und Dentisten neben sonstigen Aufgaben überwiegend in Zulassungsangelegenheiten ent-

[273] Siehe [264].
[274] Sozialversicherungsrecht, Berlin 1931, S. 204.
[275] RGBl. S. 399 i. d. Fass. vom 8. IX. 1937, RGBl. S. 976.

scheiden, sind sie statt im Abschnitt „Schiedsämter" in dem Abschnitt „Zulassungsausschüsse" behandelt.

a) Schiedsämter.

aa) Schiedsämter für Ärzte nach der Reichsversicherungsordnung.

Die Schiedsämter und das Reichsschiedsamt für Ärzte sind geschaffen worden, um Streitigkeiten zwischen den Ärzten und Krankenkassen auf schiedsrichterlichem Wege beizulegen.

Die Einrichtung und Zuständigkeit der Schiedsämter und des Reichsschiedsamtes und das Verfahren vor diesen sind in den §§ 368 m ff. RVO, in der Schiedsamtsordnung[276] und der Reichsschiedsamtsordnung[277] geregelt.

A. Einrichtung:

1. der Schiedsämter.

Für jeden Bezirk, für den ein Arztregister angelegt ist, ist ein Schiedsamt beim Oberversicherungsamt gebildet. Das Schiedsamt besteht aus dem Vorsitzenden des Oberversicherungsamtes oder seinem Stellvertreter als Vorsitzenden und vier Beisitzern, die von den Parteien des Mantelvertrages je zur Hälfte bestellt werden. Das Schiedsamt entscheidet auch in dieser Besetzung. Die Tätigkeit der Beisitzer ist ehrenamtlich. Ihre Amtsdauer beträgt fünf Jahre (vgl. § 368 m RVO).

2. des Reichsschiedsamtes.

Das Reichsschiedsamt ist beim Reichsversicherungsamt gebildet. Es besteht aus unparteiischen Mitgliedern einschließlich des Vorsitzenden und deren Stellvertretern sowie aus ehrenamtlichen Vertretern der Ärzte und Krankenkassen und deren Stellvertretern. Den Vorsitzenden bestellt der Präsident des Reichsversicherungsamtes auf die Dauer von fünf Jahren. Das Reichsschiedsamt entscheidet in der Besetzung mit dem Vorsitzenden, zwei weiteren unparteiischen Mitgliedern, von denen einer die Befähigung zum Richteramt haben muß, und je drei Vertretern der Ärzte und Krankenkassen (§ 368 o RVO).

B. Zuständigkeit.

1. Das Schiedsamt ist zuständig zur Entscheidung über Streitigkeiten zwischen den Ärzten und den Krankenkassen aus den Einzel- und Gesamtverträgen, soweit nicht ein besonderes Schiedsgericht vereinbart worden ist (§ 368 n RVO).

2. Das Reichsschiedsamt entscheidet bei Streit aus Mantelverträgen, soweit die Parteien nicht ein besonderes Schiedsgericht

---

[276] VO des Reichsvers. Amtes üb. Geschäftsgang, Verfahren usw. der Schiedsämter vom 8. IV. 1925, AN 1925 S. 198 (im Anh. bei Engel-Eckert Nr. 34).

[277] VO des Reichsvers. Amtes üb. Geschäftsgang, Verf. usw. des Reichsschiedsamtes vom 17. II. 1925, AN S. 192 (im Anh. bei Engel-Eckert Nr. 35).

vereinbart haben, ferner über das Rechtsmittel der Revision und Berufung gegen die Entscheidungen des Schiedsamtes (vgl. § 368p RVO).

C. Verfahren.

Der Geschäftsgang und das Verfahren bei den Schiedsämtern und bei dem Reichsschiedsamt sind in der Schiedsamtsordnung und der Reichsschiedsamtsordnung geregelt.

D. Rechtsnatur.

Die Schiedsämter und das Reichsschiedsamt sind ihrer Rechtsnatur nach schlichtungsähnliche Instanzen. Sie sollen Meinungsverschiedenheiten zwischen den Versicherungsträgern und den Ärzten ausgleichen und zwischen beiden vermitteln.

Für vermögensrechtliche Ansprüche ist der Rechtsweg vor den Schiedsämtern und dem Reichsschiedsamt ausgeschlossen; für diese bleibt der ordentliche Rechtsweg vorbehalten (§ 368n Abs. I, S. 2).

bb) Schiedsämter nach dem Reichsknappschaftsgesetz.

Nach dem Reichsknappschaftsgesetz sind Schiedsämter bei den Knappschaftsoberversicherungsämtern und das Oberschiedsamt beim Reichsversicherungsamt gebildet, welche z. B. zur Entscheidung bei Streit zwischen der Reichsknappschaft und den Ärzten, z. B. über die Bedingungen des Arztvertrages, zuständig sind.

Die Einrichtung und Zuständigkeit der Schiedsämter und des Oberschiedsamtes und das Verfahren vor diesen beruhen auf den §§ 205 ff. RKnG.

A. Einrichtung:

1. der Schiedsämter.

Für den Bezirk jedes Knappschaftsoberversicherungsamtes ist bei diesem ein Schiedsamt gebildet. Es besteht aus dem Vorsitzenden des Knappschaftsoberversicherungsamtes und je zwei Beisitzern aus der Zahl der zugelassenen Ärzte und der Vertreter der Bezirksknappschaften. Über die Beisitzer und ihre Stellvertreter haben sich die beteiligten Organisationen der Ärzte und der beteiligten Bezirksknappschaften zu einigen (vgl. § 205 RKnG).

2. des Oberschiedsamtes.

Das Oberschiedsamt, welches beim Reichsversicherungsamt gebildet ist, entscheidet in der Besetzung mit dem Vorsitzenden, welcher vom Präsidenten des Reichsversicherungsamtes auf die Dauer von drei Jahren bestellt wird, zwei weiteren unparteiischen Beisitzern, von denen außer dem Vorsitzenden das eine Mitglied die Befähigung zum Richteramt oder zum höheren Verwaltungsdienst haben muß, und je drei Vertretern der Ärzte und der Reichsknappschaft (§ 207 RKnG).

B. Zuständigkeit.

Das Schiedsamt ist zur Entscheidung bei Streit über die Bedingungen des Arztvertrages sowie zur Entscheidung von Streitigkeiten aus abgeschlossenen Arztverträgen zuständig (§ 206 RKnG). Die Arztverträge betreffen die bürgerlich-rechtlich gestalteten Beziehungen der Reichsknappschaft zu den Ärzten.

Das Oberschiedsamt ist zur Verhandlung und Entscheidung über das Rechtsmittel der Berufung gegen die Entscheidungen der Schiedsämter zuständig (§ 207 RKnG).

C. Verfahren.

Für das Verfahren gelten die Vorschriften der Schiedsamtsordnung und der Reichsschiedsamtsordnung entsprechend (§ 209 RKnG. i. V. mit § 368 p RVO, siehe S. 92).

D. Rechtsnatur — Verhältnis zu anderen Behörden.

Die Schiedsämter und das Oberschiedsamt sind schlichtungsähnliche Instanzen. Sie sollen Meinungsverschiedenheiten zwischen den Versicherungsträgern und den Ärzten ausgleichen und zwischen beiden vermitteln. In Streitfällen sind sie zur objektiven Rechtsfindung berufen; ihre endgültigen Entscheidungen sind für beide Parteien bindend (§ 210 RKnG)[278].

Bei Streitigkeiten über vermögensrechtliche Ansprüche ist ihre Zuständigkeit ausdrücklich ausgeschlossen (§ 206 RKnG). In diesen Fällen sind die ordentlichen Gerichte zuständig.

b) Zulassungsausschüsse.

aa) Zulassungsausschüsse für Ärzte.

Die Einrichtung und Zuständigkeit der Zulassungsausschüsse für Ärzte, die in Zulassungsangelegenheiten der Ärzte zu den Krankenkassen entscheiden, und das Verfahren vor diesen sind in der Verordnung über die Zulassung von Ärzten zur Tätigkeit bei den Krankenkassen (ZO) in der Fassung vom 8. IX. 1937[279] geregelt.

A. Einrichtung:

1. der Zulassungsausschüsse.

Für jeden Arztregisterbezirk besteht ein Zulassungsausschuß bei der Verwaltungsstelle der kassenärztlichen Vereinigung Deutschlands, die das Arztregister führt (§ 31 ZO).

Der Zulassungsauschuß besteht aus dem Vorsitzenden und zwei Beisitzern; diese sowie ihre Stellvertreter werden vom Reichsführer der kassenärztlichen Vereinigung Deutschlands berufen und abberufen. Der Amtsleiter der Verwaltungsstelle, für deren Bezirk

---

[278] Mansfeld-Pohle, Reichsknappschaftsgesetz, Mannheim 1932, S. 738.
[279] RGBl. S. 976.

der Zulassungsausschuß errichtet ist, schlägt dem Reichsführer geeignete Personen vor (§ 33 ZO).

2. des Reichszulassungsausschusses.

Der Reichszulassungsausschuß besteht bei der Reichsstelle der kassenärztlichen Vereinigung Deutschlands in Berlin. Er ist mit einem Vorsitzenden und vier Beisitzern besetzt. Der Vorsitzende und drei Beisitzer sowie die Stellvertreter werden von dem Reichsführer der kassenärztlichen Vereinigung Deutschlands berufen und abberufen. Den vierten Beisitzer und einen Stellvertreter für ihn bestellt der Reichsarbeitsminister nach Anhörung des Reichsführers. Diese sollen die Befähigung zum Richteramt haben und im Zulassungsrecht erfahren sein (§§ 35, 36 ZO).

3. des Reichsschiedsamtes.

Das Reichsschiedsamt besteht beim Reichsversicherungsamt. Es ist mit einem Vorsitzenden und vier Beisitzern besetzt. Den Vorsitzenden und zwei Beisitzer sowie ihre Stellvertreter bestellt der Präsident des Reichsversicherungsamtes. Der Vorsitzende und sein Stellvertreter sind in der Regel den Direktoren und Senatspräsidenten des Reichsversicherungsamtes entnommen. Die Beisitzer und ihre Stellvertreter sollen die Befähigung zum Richteramt haben und im Zulassungsrecht erfahren sein. Die beiden anderen Beisitzer und ihre Stellvertreter werden vom Reichsführer der kassenärztlichen Vereinigung Deutschlands berufen und abberufen (§ 39 ZO).

B. Zuständigkeit.

1. Der Zulassungsausschuß entscheidet über die Zulassung eines Arztes zu den Krankenkassen (vgl. §§ 11 ff. ZO), über ihr Ruhen und ihre dauernde Entziehung, sowie bei Streit über das Bestehen oder Nichtbestehen einer Zulassung. Er entscheidet ferner auf Beschwerde gegen Verfügungen über Eintragungen im Arztregister (§ 34).

2. Der Reichszulassungsausschuß entscheidet über das Rechtsmittel der Berufung gegen die Entscheidungen der Zulassungsausschüsse (§ 37 ZO).

3. Das Reichsschiedsamt entscheidet in Zulassungsangelegenheiten über das Rechtsmittel der Revision gegen die Entscheidungen des Reichszulassungsausschusses (§ 38).

C. Verfahren.

Das Verfahren ist in den §§ 25 ff. der Zulassungsordnung ausführlich geregelt.

D. Rechtsnatur.

Die Zulassungsausschüsse, der Reichszulassungsausschuß und das Reichsschiedsamt sind nach ihrer Rechtsnatur Verwaltungsbehörden mit gerichtlicher Organisation.

bb) Schiedsämter für Zahnärzte und Dentisten.

Die Einrichtung und Zuständigkeit der Schiedsämter für Zahnärzte und Dentisten und das Verfahren vor diesen sind in der Verordnung des Reichsarbeitsministers über die Zulassung von Zahnärzten und Dentisten zur Tätigkeit bei den Krankenkassen vom 9. V. 1935[280] und in der Verordnung des Reichsversicherungsamtes über Geschäftsgang, Verfahren und Tragung der Kosten bei den Schiedsämtern[281], sowie in der Verordnung des Reichsversicherungsamtes über Geschäftsgang, Verfahren usw. bei dem Reichsschiedsamt[282] für Zahnärzte und Dentisten geregelt.

A. Einrichtung:

1. der Schiedsämter.

Die Schiedsämter sind bei den Oberversicherungsämtern gebildet, welche die Register über die Eintragung der zugelassenen Zahnärzte und Dentisten führen. Sie bestehen aus dem Vorsitzenden des Oberversicherungsamtes oder seinem Stellvertreter als Vorsitzenden, drei Vertretern der Kassen, zwei Vertretern der Zahnärzte und einem Vertreter der Dentisten. Handelt es sich um die Eintragung, Zulassung oder Streichung eines Dentisten im Register, so tritt an die Stelle eines Zahnarztes ein weiterer Dentist. Die Vertreter der Zahnärzte werden von dem Reichsführer der kassenärztlichen Vereinigung Deutschlands, die Vertreter der Dentisten von dem Reichsdentistenführer und die Vertreter der Kassen durch gemeinsamen Vorschlag der Spitzenverbände der Krankenkassen oder nach deren Weisung der Unterverbände bestellt. Die Amtsdauer der bestellten Mitglieder beträgt fünf Jahre (§ 14 ZO).

2. des Reichsschiedsamtes.

Das Reichsschiedsamt ist beim Reichsversicherungsamt gebildet. Es besteht aus unparteiischen Mitgliedern einschließlich des Vorsitzenden und deren Stellvertretern sowie aus ehrenamtlichen Vertretern der Zahnärzte, Dentisten und Kassen. Den Vorsitzenden und die unparteiischen Mitglieder bestellt der Präsident des Reichsversicherungsamtes auf die Dauer von fünf Jahren. Die Vertreter der Zahnärzte werden von dem Reichsführer der kassenärztlichen Vereinigung, die Vertreter der Dentisten vom Reichsdentistenführer und die Vertreter der Kassen durch gemeinsamen Vorschlag der Spitzenverbände der Krankenkassen bestellt (§ 17).

Das Reichsschiedsamt entscheidet in der Besetzung mit dem Vorsitzenden, zwei weiteren unparteiischen Mitgliedern, von denen das eine die Befähigung zum Richteramt haben muß, drei Vertretern der Kassen, zwei Vertretern der Zahnärzte und einem Vertreter der Dentisten (§ 18).

---

280 RGBl. S. 594 (684).
281 Schiedsamtsordnung vom 1. XI. 1935, RABl. S. IV, 402.
282 Reichsschiedsamtsordnung vom 1. XI. 1935, RABl. S. IV, 397.

B. Zuständigkeit.

Das Schiedsamt entscheidet in Zulassungsangelegenheiten und bei Anrufung gegen die Entscheidung des Vorsitzenden des Oberversicherungsamtes über Eintragungen und Streichungen im Register. Gegen diese Entscheidung ist das Rechtsmittel der Revision und, soweit sie die Entziehung der Zulassung ausspricht, das Rechtsmittel der Berufung an das Reichsschiedsamt zulässig.

C. Verfahren.

Der Verfahrensgang und die Verfahrensgrundsätze sind in der Schiedsamtsordnung[283] und Reichsschiedsamtsordnung[284] für Zahnärzte und Dentisten geregelt.

D. Rechtsnatur.

Die Schiedsämter und das Reichsschiedsamt sind nach ihrer Rechtsnatur Verwaltungsbehörden mit gerichtlicher Organisation.

3. Bundesamt für das Heimatwesen.

Schrifttum:

Baath: Verordnung über die Fürsorgepflicht, 10. Aufl., Berlin 1935 und 11. Aufl., Berlin 1937;
Hess: Die Fürsorgegesetze, 3. Aufl., München 1937;
Rutz: Die Reichsfürsorgepflichtverordnung, München 1930;
Eger: Reichsgesetz über den Unterstützungswohnsitz, 6. Aufl., Breslau 1909.

Die Einrichtung und Zuständigkeit des Bundesamtes für das Heimatwesen, welches über Streitigkeiten zwischen Fürsorgeverbänden über die öffentliche Unterstützung Hilfsbedürftiger entscheidet, sind in dem Reichsgesetz über den Unterstützungswohnsitz vom 30. V. 1908[285] geregelt.

A. Einrichtung.

Das Bundesamt für das Heimatwesen, welches seinen Sitz in Berlin hat, ist mit einem Vorsitzenden und mindestens vier Mitgliedern besetzt. Diese werden vom Führer und Reichskanzler auf Lebenszeit ernannt. Der Vorsitzende und mindestens die Hälfte der Mitglieder müssen die Qualifikation zum Richteramt besitzen (§ 42 UWG). Zur Abfassung einer gültigen Entscheidung gehört die Anwesenheit von mindestens drei Mitgliedern, von denen mindestens eines die im § 42 UWG vorgeschriebene richterliche Qualifikation haben muß. Die Zahl der Mitglieder, welche bei der Fassung eines Beschlusses eine entscheidende Stimme führen, muß in allen Fällen eine ungerade sein (§ 44 UWG).

---

[283] Siehe [281]
[284] Siehe [282].
[285] RGBl. S. 381.

Der Geschäftsgang beim Bundesamt für das Heimatwesen ist durch ein Regulativ geordnet (§ 45 UWG)[286].

B. Zuständigkeit.

Das Bundesamt für das Heimatwesen ist als höchste Verwaltungsgerichtsbehörde in letzter Instanz für Streitigkeiten zwischen Fürsorgeverbänden über die öffentliche Unterstützung Hilfsbedürftiger zuständig. Gehören die streitenden Teile einem und demselben Land an, so wird auf dem durch die Landesgesetze vorgeschriebenen Weg entschieden (§ 37 Abs. I UWG). Gehören sie aber verschiedenen Ländern an, so findet die Berufung an das Bundesamt für das Heimatwesen statt, soweit nicht die Organisation oder örtliche Abgrenzung der einzelnen Armenverbände der Gegenstand des Streites ist; in diesen Fällen entscheiden nämlich die höchsten landesgesetzlichen Instanzen (§§ 37 Abs. II, 41 Abs. I UWG). Dem Bundesamt für das Heimatwesen kann aber auch die Entscheidung in letzter Instanz für diejenigen Streitsachen übertragen werden, in denen beide Teile einem und demselben Land angehören (§ 52 UWG). Von dieser Ermächtigung haben teils beschränkt, teils unbeschränkt Preußen, Sachsen, Thüringen, Hessen, Mecklenburg-Schwerin, Oldenburg, Braunschweig-Anhalt, Lippe-Detmold, Bremen, Lübeck und Schaumburg-Lippe Gebrauch gemacht[287].

Die Zulässigkeit der Berufung an das Bundesamt ist durch einen RM 300.— übersteigenden Wert des Streitgegenstandes bedingt. Aber auch bei geringerem Wert kann das Bundesamt die Berufung wegen der grundsätzlichen Bedeutung des Rechtsstreites auf entsprechend begründeten Antrag hin zulassen (§ 41 Abs. I UWG).

C. Verfahren.

Verfahrensvorschriften enthalten das UWG in den §§ 37 ff. und das Regulativ. Von den Verfahrensgrundsätzen sind die der Öffentlichkeit und Mündlichkeit zu nennen (§ 50 UWG). Die Berufung ist bei Verlust des Rechtsmittels binnen 14 Tagen, von der Behändigung der angefochtenen Entscheidung an gerechnet bei derjenigen Behörde, gegen deren Entscheidung sie gerichtet ist, schriftlich anzumelden (vgl. §§ 46 ff. UWG).

D. Rechtsnatur.

Das Bundesamt für das Heimatwesen ist eine ständige und kollegiale Reichsbehörde mit dem Sitz in Berlin (§ 42 UWG). Soweit es über Streitigkeiten der Fürsorgeverbände entscheidet, ist es ein Sonderverwaltungsgericht des Reiches.

---

[286] Regulativ vom 6. I. 1873 (RZBl. S. 4 ff.), abgeändert am 14. VIII. 1934 (RZBl. S. 469), abgedr. bei Baath 10. A. S. 429.

[287] Vgl. Baath, 11. Aufl. S. 481.

4. Reichsfürsorge- und -versorgungsgericht der Wehrmacht.

Das Reichsfürsorge- und -versorgungsgericht der Wehrmacht entscheidet über streitige Angelegenheiten der Militärfürsorge- und -versorgung, soweit sie Offiziere und Mannschaften betreffen, die nach dem 1. Oktober 1938 aus der Wehrmacht entlassen worden oder ausgeschieden sind, ferner, soweit sie ehemalige Soldaten betreffen, die in der Zeit vom 1. Januar 1921 bis zum 30. November 1938 aus der Reichswehr oder Wehrmacht entlassen worden oder ausgeschieden sind, wenn sie nach dem Wehrmachtsversorgungsgesetz oder nach dem Reichsversorgungsgesetz auf Grund des Wehrmachtsversorgungsgesetzes versorgt werden. Über die Zuständigkeit für Angehörige der SS-Verfügungstruppe siehe unter B.

Die Einrichtung und Zuständigkeit des Reichsfürsorge- und -versorgungsgerichts und das Verfahren vor diesem sind in dem Wehrmachtfürsorge- und -versorgungsgesetz (WFVG) vom 26. VIII. 1938[288] geregelt. Verwaltungsbehörden sind die Wehrmachtfürsorge- und -versorgungsämter, soweit nicht im Gesetz die Truppenteile beauftragt sind, und die Wehrkreiskommandos; Spruchbehörde ist das Reichsfürsorge- und -versorgungsgericht der Wehrmacht (vgl. § 137 des Wehrmachtfürsorge- und -versorgungsgesetzes).

A. Einrichtung.

Das Reichsfürsorge- und -versorgungsgericht der Wehrmacht hat seinen Sitz in Berlin; es darf aber an anderen Orten Sitzungen abhalten, wenn dies notwendig ist (§ 141). An der Spitze des Gerichts steht als Präsident ein General (Admiral) oder Generalleutnant (Vizeadmiral). Er ist dem Chef des Oberkommandos der Wehrmacht unmittelbar unterstellt.

Beim Reichsfürsorge- und -versorgungsgericht der Wehrmacht sind Senate gebildet; jeder Senat besteht aus dem Präsidenten (oder seinem Stellvertreter) als Vorsitzenden, einem Offizier oder einem Wehrmachtsbeamten, die die Befähigung zum Richteramt besitzen, einem Sanitätsoffizier (ständige Mitglieder), ferner aus einem Offizier des Wehrmachtsteils, dem der Antragsteller zuletzt angehört hat und einem Mitglied des NS.-Reichskriegerbundes e. V. oder des Reichstreubundes ehemaliger Berufssoldaten e. V. (nichtständige Mitglieder). Das Gericht entscheidet auch in dieser Besetzung.

Für die ehemaligen Angehörigen und Hinterbliebenen der SS-Verfügungstruppe ist beim Reichsfürsorge- und -versorgungsgericht der Wehrmacht ein besonderer SS-Senat gebildet, der entsprechend der Besetzung der anderen Senate mit SS-Führern besetzt ist. An die Stelle der Mitglieder des NS.-Reichskriegerbundes e. V. oder des Reichstreubundes ehemaliger Berufssoldaten e. V. treten bei dem Fürsorge- und Versorgungsverfahren der SS-Verfügungstruppe An-

[288] RGBl. S. 1077.

gehörige der allgemeinen ᛋᛋ. Die Besetzung des ᛋᛋ-Senats erfolgt durch Entscheidung des Reichsführers ᛋᛋ auf Vorschlag des Hauptfürsorge- und -versorgungsamtes ᛋᛋ (§ 5 Abs. 2 der Durchführungsbestimmungen zum WFVG vom 10. XI. 1938, RGBl. S. 1607).

Bei Berufungen, deren Entscheidung für die gesamte Wehrmacht oder für die ᛋᛋ von grundsätzlicher Bedeutung ist, kann der Präsident den Senat auf sieben oder neun Mitglieder erweitern (§ 140 Abs. I—IV und § 5 Abs. IV Durchf.best. zum WFVG). Über die Ernennung des Präsidenten und der Mitglieder vgl. § 140 Abs. V—VII.

B. Zuständigkeit.

Das Reichsfürsorge- und -versorgungsgericht der Wehrmacht ist zuständig zur Entscheidung:

1. über das von den Offizieren oder Mannschaften der Wehrmacht eingelegte Rechtsmittel der Berufung gegen die Beschwerdeentscheidungen eines Wehrkreiskommandos, wenn streitig ist:
   a) die Anerkennung einer Wehrdienstbeschädigung und ihre Folgen;
   b) der Anspruch auf Ruhegehalt, Dauerrente usw.;
   c) die Höhe der Militäranwärterbezüge;
   d) die Versehrtheit und die Höhe des Versehrtengeldes;
   e) die Arbeitsverwendungsunfähigkeit usw.
   (vgl. § 166 WFVG).

2. über das von den ehemaligen Angehörigen der ᛋᛋ-Verfügungstruppe und deren Hinterbliebenen eingelegte Rechtsmittel der Berufung gegen die Beschwerdeentscheidung des Hauptfürsorge- und -versorgungsamtes ᛋᛋ, über die der besondere ᛋᛋ-Senat entscheidet.

Daneben hat das Reichsfürsorge- und -versorgungsgericht der Wehrmacht Gutachten zu erstatten, wenn das Oberkommando der Wehrmacht oder der Reichsführer ᛋᛋ diese über Fragen fordert, die die Auslegung dieses Gesetzes betreffen und von grundsätzlicher Bedeutung sind (§ 140 Abs. I WFVG und § 5 Abs. III Durchf.best. zum WFVG).

Über die Zuständigkeit des Reichsfürsorge- und -versorgungsgerichts der Wehrmacht für die ehemaligen Soldaten, die in der Zeit vom 1. I. bis zum 30. IX. 1938 aus der Reichswehr oder der Wehrmacht entlassen worden oder ausgeschieden sind, vgl. § 200 RFVG, und über die Zuständigkeit für Angehörige der ᛋᛋ-Verfügungstruppe vgl. § 201 RFVG.

C. Verfahren.

Das Spruchverfahren vor dem Reichsfürsorge- und -versorgungsgericht der Wehrmacht ist in den §§ 167 ff. geregelt. Von den Grundsätzen des Verfahrens sind die der Mündlichkeit und Öffentlichkeit der Verhandlung zu nennen (§ 175). Das Gericht entscheidet unabhängig und endgültig (§ 140) in geheimer Beratung nach freier Beweiswürdigung mit einfacher Stimmenmehrheit durch Urteil (§ 176).

D. Rechtsnatur — Verhältnis zu anderen Gerichten.

Das Reichsfürsorge- und -versorgungsgericht der Wehrmacht ist der Rechtsnatur nach ein Verwaltungsgericht des Reiches.

Der Rechtsweg vor den ordentlichen Gerichten, den Verwaltungsgerichten und vor dem Reichsversorgungsgericht ist ausgeschlossen (§ 182).

5. Versorgungsgerichte.

Schrifttum:

Arendts: Gesetz über das Verfahren in Versorgungssachen, Berlin 1935;
Schulte-Holthausen: Verfahren in Versorgungssachen, 4. Aufl., München 1935 mit Literatur-Angaben auf S. 4.

Die Versorgungsgerichte entscheiden in der Hauptsache über streitige Angelegenheiten der Militärversorgung, soweit sie Mannschaften und Offiziere betreffen, die vor dem 1. Oktober 1938 aus der alten Wehrmacht, den anerkannten früheren Freiwilligenverbänden, der Reichswehr, Reichsmarine usw. entlassen worden oder ausgeschieden sind (vgl. aber die Ausnahmen in den §§ 197 ff. des Wehrmachtfürsorge- und -versorgungsgesetzes vom 26. VIII. 1938, RGBl. S. 1077).

Die Einrichtung und Zuständigkeit der Versorgungsgerichte und das Verfahren vor diesen sind in dem Gesetz über das Verfahren in Versorgungssachen vom 2. XI. 1934[289] geregelt. Verwaltungsbehörden sind die Versorgungsämter und Hauptversorgungsämter (§ 4); Spruchbehörden sind in erster Instanz die Versorgungsgerichte und in zweiter und letzter Instanz das Reichsversorgungsgericht (§ 1).

A. Einrichtung:

1. der Versorgungsgerichte.

Die Versorgungsgerichte sind bei den Oberversicherungsämtern errichtet (§ 6). Der Vorsitzende des Oberversicherungsamtes ist zugleich Vorsitzender des Versorgungsgerichts (§ 9).

Bei den Versorgungsgerichten sind eine oder mehrere Kammern gebildet. Jede Kammer besteht aus einem Vorsitzenden sowie einer in der sozialen Fürsorge erfahrenen, mit dem Versorgungswesen vertrauten Person und einem aus der Wehrmacht ausgeschiedenen Versorgungsberechtigten als Beisitzer. Zu den Verhandlungen über Hinterbliebenenangelegenheiten soll an die Stelle des aus der Wehrmacht ausgeschiedenen Versorgungsberechtigten eine versorgungs-

[289] In d. Fass. der Bekanntm. vom 2. XI. 1934 (RGBl. S. 1113); vgl. ferner die Ausführungsbestimmungen, abgedr. bei Arendts.

berechtigte Hinterbliebene treten (§ 10). Über die Bestellung der Beisitzer vgl. die §§ 12 ff. Die für das Versorgungsgericht erforderlichen Hilfskräfte werden aus den Beamten und Angestellten des Oberversicherungsamtes vom Vorsitzenden bestellt. Zu den Verhandlungen des Vorsorgungsgerichtes können nach Bedarf Gerichtsärzte als Sachverständige hinzugezogen werden (vgl. §§ 21 und 22).

Die Dienstaufsichtsbehörde für das Oberversicherungsamt führt auch die Dienstaufsicht über das Versorgungsgericht (§ 7)[290].

2. des Reichsversorgungsgerichtes.

Das Reichsversorgungsgericht in Berlin ist die oberste Spruchbehörde in Reichsversorgungssachen. Der Präsident des Reichsversicherungsamtes ist, solange sich das Reichsversorgungsgericht und das Reichsversicherungsamt an demselben Orte befinden, zugleich der Präsident des Reichsversorgungsgerichtes. Der Vizepräsident ist sein ständiger Vertreter und leitet unter seiner Oberleitung die Geschäfte des Reichsversorgungsgerichtes. Der Vizepräsident, die Senatspräsidenten und die übrigen Mitglieder (Oberregierungsräte und Regierungsräte) werden vom Führer und Reichskanzler auf Lebenszeit ernannt. Sie müssen die Befähigung zum höheren Justiz- oder Verwaltungsdienst besitzen (§ 24).

Beim Reichsversorgungsgericht sind Senate und ein Großer Senat gebildet. Jeder Senat besteht aus dem Vorsitzenden (Präsident, Vizepräsident oder Senatspräsident) und vier Beisitzern. Als Beisitzer wirken mit ein Mitglied des Reichsversorgungsgerichtes, ein richterlicher Beamter, eine in der sozialen Fürsorge erfahrene, mit dem Versorgungswesen vertraute Person sowie ein aus der Wehrmacht ausgeschiedener Versorgungsberechtigter oder eine aus dem Kreise der Hinterbliebenen zu entnehmende Beisitzerin. Der Große Senat besteht aus dem Vorsitzenden und acht Beisitzern (Näheres siehe §§ 23—36).

B. Zuständigkeit.

Die Zuständigkeit der Spruchbehörden umfaßt u. a.:

1. die Durchführung des Reichsversorgungsgesetzes vom 12. V. 1920[291], des Altrentnergesetzes vom 18. VII. 1921[292], sowie die vor ihrem Inkrafttreten ergangenen Militärversorgungsgesetze[293] (§ 1);

---

[290] In Preußen d. Reichsarb.-Minister, in den übrigen Ländern die Landesministerien (vgl. Schulte-Holthausen § 7 Anm. 1).

[291] In d. Fass. der Bekanntm. vom 22. XII. 1927, RGBl. S. 515, mit den bish. erg. Änderungen, s. bei Dehlinger (1938) E V.

[292] In d. Fass. der Bekanntm. vom 22. XII. 1927, RGBl. S. 531, mit den bish. erg. Änderungen, s. bei Dehlinger (1938) E V.

[293] Z. B. das Offizierpensionsgesetz vom 31. V. 1906, RGBl. S. 565, das Mannschaftsversorgungsgesetz vom 31. V. 1906, RGBl. S. 593 usw. (s. Arendts § 1 Anm. 3).

2. die Entscheidung über Versorgungsgebührnisse nach dem Wehrmachtversorgungsgesetz vom 4. VIII. 1921[294], dem Reichsgesetz über die Schutzpolizei der Länder vom 17. VII. 1922[295];
3. die Entscheidung über Ansprüche aus dem Gesetz über die Kämpfer für die nationale Erhebung vom 27. II. 1934[296] (§ 8)

usw.[297].

C. Verfahren.

Das Verfahren ist in den §§ 37—147 des Gesetzes vom 2. XI. 1934 geregelt. In Versorgungssachen sind die Versorgungsämter zuständig für die Bearbeitung und Entscheidung aller Versorgungsangelegenheiten, soweit nicht der Reichsarbeitsminister die Hauptversorgungsämter für zuständig erklärt hat (§ 77). Gegen die Bescheide der Verwaltungsbehörden ist das Rechtsmittel der Berufung an das Versorgungsgericht gegeben. Die Versorgungsgerichte entscheiden in den im § 90 Abs. II Ziffer 1—7 genannten Fällen endgültig, so z. B. wenn es sich um Heilbehandlung, Hausgeld oder Sterbegeld handelt oder wenn es sich um eine Elternrente handelt. Im übrigen entscheidet über das Rechtsmittel der Berufung das Reichsversorgungsgericht; dieses entscheidet ferner über das Rechtsmittel der Berufung, wenn die Verwaltungsbehörde die Gesundheitsstörung nicht als feststellbar erachtet oder in den Fällen des § 90 Abs. II Ziffer 1—3 die Gesundheitsstörung oder den Tod nicht als Folge einer Dienstbeschädigung anerkannt hat (§ 90).

D. Rechtsnatur — Verhältnis zu den ordentlichen Gerichten.

1. Rechtsnatur.

a) Die Versorgungsgerichte sind im Gegensatz zu den Verwaltungsbehörden der Reichsversorgung und dem Reichsversorgungsgericht Landesbehörden und der rechtlichen Natur nach Verwaltungsgerichte im Sinne des § 13 GVG ohne jedoch die volle richterliche Unabhängigkeit zu besitzen (§ 3 Abs. II)[298].

b) Das Reichsversorgungsgericht ist eine Reichsbehörde und der Rechtsnatur nach ein Verwaltungsgericht. Obwohl es im Gegensatz zum Reichsversicherungsamt ein selbständiges Gericht darstellt, hat es doch keine richterliche Unabhängigkeit[299]. Hinsichtlich der Dienstaufsicht ist es dem Reichsarbeitsminister unterstellt[300].

---

294 In d. Fass. d. Bekanntm. vom 19. IX. 1925, RGBl. S. 349 (u. 389).
295 RGBl. S. 597.
296 RGBl. S. 133 (u. 135).
297 S. die weiteren Gesetze bei Arendts, § 1 Anm. 4.
298 Vgl. Arendts, § 6 Anm. 1; § 3 Anm. 2.
299 Vgl. Arendts, § 3 Anm. 2.
300 Vgl. Arendts, § 23 Anm. 1.

2. *Verhältnis zu den ordentlichen Gerichten.*

In Versorgungssachen ist der Rechtsweg vor den ordentlichen Gerichten ausgeschlossen (§ 73). Dies bedeutet, daß Klagen auf Versorgungsgebührnisse aus den Versorgungsgesetzen vor den ordentlichen Gerichten nicht anhängig gemacht werden können, auch nicht als Schadensersatzklagen z. B. aus § 839 BGB, zumal solche Schadensersatzansprüche durch § 86 des Gesetzes vom 2. XI. 1934 ausdrücklich ausgeschlossen sind[301].

VII. Presseberufsgerichte.

Schrifttum:

Schmidt-Leonhard-Gast: Das Schriftleitergesetz, Berlin 1934.

Die Presseberufsgerichte haben u. a. darüber zu entscheiden, ob die Eintragung als Schriftleiter in die Berufsliste zu verfügen ist, wenn der Leiter des Landesverbandes der deutschen Presse die Eintragung abgelehnt und der Antragsteller die Entscheidung des Berufsgerichts angerufen hat; sie haben ferner über die Zulässigkeit einer Löschung aus der Berufsliste zu entscheiden und im Falle der Kündigung eines Schriftleiters gutachtlich zur Wirksamkeit der Kündigung Stellung zu nehmen.

Die Einrichtung und Zuständigkeit der Berufsgerichte der Presse und das Verfahren vor diesen sind im Schriftleitergesetz vom 4. X. 1933[302] und in der Verfahrensanordnung vom 18. I. 1934[303] geregelt.

Berufsgerichte erster Instanz sind die Bezirksgerichte der Presse, Berufsgericht der zweiten Instanz ist der Pressegerichtshof in Berlin.

A. Einrichtung.

Als Berufsgerichte der Presse sind die Bezirksgerichte am Sitz eines jeden Landesverbandes (§ 17 d. Ges.[304]) und der Pressegerichtshof in Berlin gebildet (§ 1 Verf.O).

Die Berufsgerichte bestehen aus den Vorsitzenden und den Beisitzern sowie den erforderlichen Stellvertretern. Der Vorsitzende und seine Stellvertreter müssen die Fähigkeit zum Richteramt oder zum höheren Verwaltungsdienst haben. Sie besitzen die richterliche Unabhängigkeit. Die Beisitzer und ihre Stellvertreter müssen zu gleichen Teilen Schriftleiter und Verleger sein. Alle Mitglieder werden vom Reichsminister für Volksaufklärung und Propaganda ernannt. Die Schriftleiter schlägt der Leiter des Reichsverbandes vor, die Verleger der Leiter der Organisationen in der Reichspressekammer (§ 32 SchrLG).

---

301 Vgl. Schulte-Holthausen, § 73 Anm. 2; Arendts, § 73 Anm. 2.

302 RGBl. S. 713.

303 RGBl. S. 40.

304 Vgl. Schmidt-Leonhard-Gast, § 1 Verf.O Anm. 2.

Die Bezirksgerichte entscheiden in der Besetzung von 5, der Pressegerichtshof in der Besetzung von 7 Mitgliedern einschließlich des Vorsitzenden (§ 33 SchrLG).

B. Zuständigkeit.

Die Berufsgerichte sind zuständig (§ 28 SchrLG):

1. zur Verhandlung und Entscheidung darüber, ob die Eintragung in die Berufsliste zu verfügen ist, wenn der Leiter des Landesverbandes die Eintragung abgelehnt hat;
2. zur Verhandlung und Entscheidung über die Zulässigkeit einer Löschung im Falle des § 11 SchrLG;
3. zur gutachtlichen Stellungnahme über die Wirksamkeit einer Kündigung des Anstellungsverhältnisses eines Schriftleiters, wenn der Verleger den Schriftleiter wegen der in der Zeitung von ihm vertretenen geistigen Haltung gekündigt hat, die entweder gegen die öffentlichen Berufspflichten des Schriftleiters oder die vereinbarten Richtlinien verstößt;
4. zur Verhandlung und Entscheidung über die Berufsvergehen von Schriftleitern.

C. Verfahren.

Verfahrensvorschriften enthält die Verfahrensanordnung vom 18. I. 1934. Vor den Berufungsgerichten sind folgende Verfahrensarten zu unterscheiden:

1. Das Einpruchsverfahren (§§ 28 ff. der VO).

Dieses Verfahren findet in den Fällen des § 28 Ziff. 1 und 2 SchrLG (siehe unter B, 1 und 2) Anwendung.

2. Das Kündigungsschutzverfahren (§§ 44 ff. der VO), vgl. unter B, 3.
3. Das Ehrengerichtsverfahren (vgl. die §§ 8 ff. der VO).

Im Einspruchsverfahren ist als Rechtsmittel gegen die Entscheidungen der Bezirksgerichte die Rechtsbeschwerde an den Pressegerichtshof gegeben (§ 41 VO) und im Ehrengerichtsverfahren die Berufung in den Fällen des § 23 der VO. Im Kündigungsschutzverfahren ist die Anrufung des Pressegerichtshofes ausgeschlossen (§ 47 VO).

D. Rechtsnatur — Verhältnis zu anderen Gerichten.

Die Berufsgerichte der Presse sind Organe des Reichsverbandes der deutschen Presse[305]. Sie sind je nach der Aufgabe:

1. eine Art von Verwaltungsgericht,
2. Ehrengericht oder
3. Gutachterstelle in einer bürgerlichen Rechtsstreitigkeit.

[305] Schmidt-Leonhard-Gast, § 1 der VO Anm. 1.

Wenn die gutachtliche Stellungnahme des Berufsgerichts über die Wirksamkeit einer Kündigung eines Schriftleiters beantragt ist, haben die erkennenden Gerichte ein etwaiges Verfahren auszusetzen (§ 30 SchrLG).

VIII. Filmprüfstelle — Filmoberprüfstelle.

Schrifttum:

Beuss: Das Lichtspielgesetz, Berlin 1934.

Die Einrichtung und Zuständigkeit der Filmprüfstelle und Filmoberprüfstelle beruhen auf dem Lichtspielgesetz vom 16. II. 1934[306]. Die Filmprüfstelle und die Filmoberprüfstelle entscheiden über die Zulassung und Bewertung von Filmen.

A. Einrichtung:

1. der Filmprüfstelle.

Die Filmprüfstelle hat ihren Sitz in Berlin. Sie ist mit beamteten Vorsitzenden und Beisitzern besetzt. Die Entscheidungen der Filmprüfstelle ergehen durch beamtete Vorsitzende, bei Spielfilmen unter Hinzuziehung von 4 Beisitzern. Von den Beisitzern muß je einer den Kreisen des Lichtspielgewerbes, der Kunst und des Schrifttums angehören. In Zweifelsfällen hat der Vorsitzende Sachverständige zur Prüfung hinzuzuziehen, insbesondere solche des Reichsministeriums für Volksaufklärung und Propaganda. Die Beisitzer werden in der erforderlichen Anzahl von dem Präsidenten der Einzelkammern der Reichskulturkammer vorgeschlagen und vom Reichsminister für Volksaufklärung und Propaganda ernannt (§§ 16—18 LSpG).

2. der Filmoberprüfstelle.

Die Filmoberprüfstelle mit dem Sitz in Berlin ist mit einem Vorsitzenden und vier Beisitzern besetzt. Für die Beisitzer gilt das gleiche, was über die Beisitzer der Filmprüfstelle ausgeführt ist (§ 20 LSpG).

B. Zuständigkeit.

Die Prüfstelle entscheidet über die Zulassung und Bewertung von Filmen, die Oberprüfstelle über das Rechtsmittel der Beschwerde gegen die Entscheidungen der Prüfstelle. Ihre Entscheidungen haben für das gesamte Reichsgebiet Gültigkeit. (§§ 16, 17 und 20 LSpG.) Die Filmprüfstelle hat die Zulassung zu versagen, wenn die Prüfung ergibt, daß die Vorführung des Films geeignet ist, lebenswichtige Interessen des Staates oder die öffentliche Ordnung oder Sicherheit zu gefährden, das nationalsozialistische, religiöse, sittliche oder künstlerische Empfinden zu verletzen, verrohend oder entsittlichend zu wirken, das deutsche Ansehen oder die Beziehungen Deutschlands zu auswärtigen Staaten zu gefährden (§ 7 LSpG). Die Prüfung eines Films hat sich auch darauf zu erstrecken, ob der Film als staats-

[306] RGBl. S. 95; vgl. ferner die Durchf.VO vom 5. XI. 1934 (RGBl. S. 1105) und vom 3. VII. 1935 (RGBl. S. 906) mit den Änderungen bei Dehlinger A VII.

politisch wertvoll, als künstlerisch, als volksbildend oder als kulturell wertvoll und, soweit es sich um einen Spielfilm handelt, ob er als besonders wertvoll anzuerkennen ist.

C. Verfahren.

Verfahrensvorschriften enhalten das Lichtspielgesetz in den §§ 4 ff. und die 2. Durchf.VO (siehe Anm. 306).

D. Rechtsnatur.

Die Entscheidung über die Zulassung eines Films ist eine Konzessionserteilung im verwaltungsrechtlichen Sinne.

IX. Finanzgerichte — Reichsfinanzhof.

Schrifttum:

Crisolli: Lehrbuch des Steuerrechts, I. Teil, Berlin 1933;
Eheberg-Boesler: Grundriß der Finanzwissenschaft, 7. Aufl., Leipzig 1936;
Bühler: Lehrbuch des Steuerrechts, I. Bd., Berlin 1927;
Dziegalowski-Thüme: Das Reichsbewertungsgesetz, 4. Aufl., Berlin 1935.

Für die Entscheidung über die Rechtsmittel im Steuerverfahren (im Gegensatz zum Steuerstrafverfahren) sind die Finanzgerichte und der Reichsfinanzhof zuständig.

Die Rechtsgrundlagen für die Einrichtung und Zuständigkeit dieser Steuergerichte sind in der Hauptsache die Reichsabgabenordnung i. d. Fass. vom 22. V. 1931[307], das Steueranpassungsgesetz vom 16. X. 1934 (RGBl. S. 925) und die Finanzgerichtsordnung vom 16. XII. 1932[308]. Über die Darstellung der besonderen Spruchkammern in Entschädigungsangelegenheiten beim OFPr. Berlin siehe S. 118.

A. Einrichtung:

1. der Finanzgerichte.

Die Finanzgerichte sind den Oberfinanzpräsidenten angegliedert[309]. Bei ihnen sind nach Bedarf Kammern gebildet, die örtlich oder nach Vermögensarten oder Vermögensgruppen oder nach Steuerarten oder Steuergruppen abgegrenzt sind. Zu jeder Kammer gehören der Vorsitzende, ein ständiges Mitglied und drei ehrenamtliche Mitglieder. Ein ehrenamtliches Mitglied soll dem Berufs- oder Erwerbszweig des Steuerpflichtigen angehören, in dessen Sache die Steuerangelegenheit entschieden wird. Der Vorsitzende des Finanzgerichts, der gleichzeitig Vorsitzender sämtlicher Kammern ist, der Vertreter des Vorsitzenden und die ständigen Mitglieder werden vom Reichsfinanzminister für die Dauer ihres Hauptamtes aus der Zahl der Beamten des Oberfinanzpräsidenten bestellt. Die ehrenamtlichen Mitglieder werden

[307] RGBl. S. 161 mit den bish. erg. Änd., s. bei Dehlinger (1938) F II.
[308] RGBl. S. 552, vgl. auch die vorläufige Gesch. Ordn. f. d. Finanzgerichte vom 15. II. 1922, RStBl. S. 93, geänd. durch Erl. vom 21. V. 1924, RStBl. S. 161.
[309] Erl. vom 16. III. 1937, RGBl. S. 311.

von Organen der Selbstverwaltung oder von den Vertretungen der Länder und von öffentlich-rechtlichen berufsständigen Vertretungen gestellt. Ihr Amt ist ein Ehrenamt. (Näheres siehe §§ 47—51 RAO).

2. des Reichsfinanzhofs.

Der Reichsfinanzhof ist oberster Gerichtshof in Reichssteuersachen mit dem Sitz in München. Er besteht aus dem Präsidenten und der erforderlichen Zahl von Senatspräsidenten und Räten, die vom Führer und Reichskanzler auf Lebenszeit ernannt werden. Die richterlichen Mitglieder müssen über 35 Jahre alt sein; mindestens die Hälfte der Mitglieder muß die Befähigung zum Richteramt erlangt haben. Als Richter sind sie unabhängig und nur dem Gesetz unterworfen.

Bei dem Reichsfinanzhof sind nach Bedarf Senate gebildet. Die Senate entscheiden einschließlich des Vorsitzenden im Spruchverfahren in der Besetzung von wenigstens drei Mitgliedern, im Verfahren über Rechtsbeschwerden in der Besetzung von wenigstens fünf Mitgliedern. Über eine von einem Senat beabsichtigte Abweichung von einer amtlich veröffentlichten Entscheidung eines anderen Senats entscheidet der Große Senat, falls der andere Senat der Abweichung nicht zustimmt. Der Große Senat besteht aus dem Präsidenten, dem Senatspräsidenten und ihren Stellvertretern. Ferner hat jeder Senat ein Mitglied, das er von Fall zu Fall bestimmt, zur Mitwirkung an der Entscheidung im Großen Senat zu entsenden. (Näheres §§ 52—66 RAO.)

B. Zuständigkeit:

1. der Finanzgerichte.

Die Finanzgerichte sind zuständig zur Entscheidung über das Rechtsmittel der Berufung gegen die Einspruchsentscheidung des Finanzamtes, soweit es sich um Besitz- und Verkehrssteueransprüche des Reiches handelt (§§ 228 und 229 RAO), und zur Entscheidung über das Rechtsmittel der Berufung gegen die Entscheidungen der Finanzämter in Arrestsachen, soweit die Sicherung von Besitz-, Verkehrs-, Zoll- und Verbrauchssteueransprüchen in Betracht kommt (§§ 378, 379 RAO). Die Finanzgerichte sind ferner in einigen Fällen zur Entscheidung über das Rechtsmittel der Beschwerde zuständig (vgl. die §§ 267, 304 Abs. III, 305 RAO).

2. des Reichsfinanzhofs[310].

a) Der Reichsfinanzhof ist in erster Linie oberste Spruchbehörde. Als solche ist er zuständig zur Entscheidung über das Rechtsmittel der **Rechtsbeschwerde** gegenüber den **Berufungsentscheidungen** der Finanzgerichte (§ 229 RAO), wenn der Wert des Streitgegenstandes höher ist als 500 RM oder wenn das Finanzgericht

[310] Gutachten und Entscheidungen von grundsätzlicher Bedeutung werden vom Reichsfinanzhof in der Sammlung der Entscheidungen und Gutachten des Reichsfinanzhofs veröffentlicht.

wegen der grundsätzlichen Bedeutung der Streitsache die Rechtsbeschwerde zugelassen hat (§ 286 RAO). Der Reichsfinanzhof ist weiter zuständig zur Entscheidung über das Rechtsmittel der Rechtsbeschwerde gegenüber den Anfechtungsentscheidungen der Oberfinanzpräsidenten (§230 RAO), sowie über das Rechtsmittel der Rechtsbeschwerde gegenüber den Beschwerdeentscheidungen der Finanzgerichte oder Oberfinanzpräsidenten über erzwingbare Anordnungen und über die Androhung eines Zwangsmittels zur Erzwingung einer solchen Anordnung (§ 305 RAO). Als erste und einzige Instanz ist der Reichsfinanzhof ferner zuständig zur Entscheidung über das Rechtsmittel der Beschwerde in einigen Fällen, vgl. § 298 Abs. I in Verbindung mit § 267 Abs. II, sowie § 304 Abs. III RAO.

b) Im Beschlußverfahren entscheidet der Reichsfinanzhof in den ihm besonders übertragenen Fällen, z. B. über das Rechtsmittel der Beschwerde gegen die Entscheidungen des Oberfinanzpräsidenten, welche die Untersagung der Tätigkeit als Steuerberater betreffen (vgl. § 199 RAO) und über das Rechtsmittel der weiteren Beschwerde nach § 388 RAO (Zerlegungsverfahren, §§ 382 ff.)[311].

c) Der Reichsfinanzminister kann dem Reichsfinanzhof Fragen der Auslegung der Steuergesetze zur Begutachtung vorlegen (vgl. § 63 RAO).

d) Der Reichsfinanzhof kann ferner auf Antrag einer Landesbehörde als oberster Gerichtshof für Steuern der Länder, der Gemeinden oder Gemeindeverbände und der Religionsgesellschaften des öffentlichen Rechts bestellt werden[312].

C. Verfahren.

Verfahrensvorschriften enthält die RAO in den §§ 243 ff. Nach § 243 RAO haben die Rechtsmittelbehörden den Sachverhalt von Amts wegen zu ermitteln, soweit sie zur Nachprüfung tatsächlicher Verhältnisse berufen sind. Sie sind an die Anträge dessen, der das Rechtsmittel eingelegt hat, nicht gebunden; sie können die Entscheidung auch zum Nachteil dessen, der das Rechtsmittel eingelegt hat, ändern (§ 243 Abs. II, III). Vom Gericht kann eine mündliche Verhandlung angeordnet werden; wenn eine solche angeordnet ist, ist sie öffentlich (§§ 272, 274 RAO).

Es sind zu unterscheiden:

1. Das Berufungsverfahren (§ 259 ff. RAO). Soweit es sich nicht um Zölle und Verbrauchssteuern handelt, ist das sogenannte Berufungsverfahren gegeben. Der eigentlichen Berufung hat der Einspruch vorauszugehen, über den das Finanzamt entscheidet. Gegen die Einspruchsentscheidung des Finanzamtes findet die Berufung statt; über sie entscheidet das Finanzgericht. Gegen die Berufungs-

[311] Vgl. Crisolli, S. 277 ff.
[312] Vgl. Crisolli, S. 157.

entscheidung des Finanzgerichts ist die Rechtsbeschwerde an den Reichsfinanzhof gegeben (Näheres s. §§ 228, 229, 259 RAO).

2. Das Anfechtungsverfahren (§§ 299 ff. RAO). Soweit es sich um Zölle und Verbrauchssteuern handelt, findet das sogenannte Anfechtungsverfahren statt. Im Anfechtungsverfahren ist gegen die Entscheidung des Finanzamtes oder einer Hilfsstelle des Finanzamtes die Anfechtung gegeben, über die der Oberfinanzpräsident entscheidet; gegen die Anfechtungsentscheidung des Oberfinanzpräsidenten ist die Rechtsbeschwerde gegeben, über die der Reichsfinanzhof entscheidet (Näheres s. §§ 228, 230, 299 ff. RAO).

Zu 1. und 2.: Die zu 1 und 2 bezeichneten Rechtsmittel sind ferner gegeben gegen Bescheide, die auf Feststellung von Steuern lauten, ferner gegen Bescheide über Erstattungs- und Vergütungsansprüche usw. (§ 235 RAO).

3. Das Beschwerdeverfahren (§ 303 RAO). Gegen andere als die in den §§ 228—236 RAO bezeichneten Verfügungen von Finanzbehörden sowie gegen Steuerbescheide, die sich auf die Anforderung von Steuervorauszahlungen beschränken, ist lediglich die Beschwerde (§ 303 RAO) gegeben (§ 237 RAO).

4. Das Beschlußverfahren (§ 306 RAO). Für das Beschlußverfahren vor dem Reichsfinanzhof (s. B, 2 b) finden, soweit es sich um Beschwerden handelt und nichts anderes vorgeschrieben ist, sinngemäß die Vorschriften Anwendung, die für das Verfahren über die Rechtsbeschwerde gelten (§§ 306, 285 ff. RAO).

Die Frist für die Einlegung eines Rechtsmittels beträgt ein Monat.

Über die Einlegung von Rechtsmitteln nach dem Reichsbewertungsgesetz vgl. die ausführliche Darstellung bei Dziegalowski-Thüme auf S. 260.

Was den Gang des Verfahrens und die Verfahrensgrundsätze anbetrifft, so ist auf die ausführliche Darstellung bei Crisolli S. 262 ff. zu verweisen.

D. Rechtsnatur — Verhältnis zu den ordentlichen Gerichten.

Die Finanzgerichte sind sachlich unabhängig; sie sind aber keine selbständigen Behörden, sondern Teile der Diensstellen des Oberfinanzpräsidenten[313]. Der Reichsfinanzhof ist dagegen ein selbständiges Steuergericht und gehört zu den Sonderverwaltungsgerichten des Reiches.

Der Rechtsweg in Steuersachen vor den ordentlichen Gerichten ist ausgeschlossen (§ 242 RAO).

---

313 Vgl. Crisolli, S. 156.

X. Landesverwaltungsgerichte und Landesbehörden mit gerichtlicher Organisation.

1. Die allgemeinen Verwaltungsgerichte der Länder (Übersicht).

Schrifttum:

Danckwerts: „Die Verwaltungsgerichtsbarkeit im NS.-Staat" in Frank: „Deutsches Verwaltungsrecht", München 1937.

Allgemeine Verwaltungsgerichte gibt es nur in der Form der Landesgerichte, woran auch die Verreichlichung der ordentlichen Gerichte und anderer Gerichtsbehörden nichts geändert hat. Mit Ausnahme von Schaumburg-Lippe haben sämtliche Länder Verwaltungsgerichte eingerichtet. Das Bild der deutschen Verwaltungsgerichte im Aufbau, in der Zuständigkeit und im Verfahren ist aber außerordentlich verschieden. Es lassen sich eine Reihe gemeinsamer Züge feststellen, die hier kurz zusammengefaßt werden sollen[314].

Die Zahl der Verwaltungsgerichts-Rechtsstufen liegt zwischen eins und drei. Selbständige, von den Verwaltungsbehörden losgelöste Verwaltungsgerichte gibt es nur im obersten Rechtszuge; im übrigen besteht eine mehr oder minder feste organisatorische oder personelle Verbindung mit den Verwaltungsbehörden. Ausschließlich Berufsrichter sind im obersten Rechtszuge vorhanden, im übrigen sind die Verwaltungsgerichte mit Berufs- und Laienrichtern besetzt.

Die Zuständigkeit umfaßt fast überall die Anfechtung von Verwaltungsakten, teilweise auch Streitigkeiten zweier Volksgenossen oder zweier Körperschaften auf öffentlich-rechtlicher Grundlage.

Das Verfahren ist in den meisten Fällen kontradiktorisch gestaltet, überall herrscht die Untersuchungsmaxime und das Offizialprinzip. Die Entscheidungen zur Hauptsache ergehen überwiegend nach mündlicher Verhandlung in Form des Urteils. Die Rechtsmittel sind von der Zahl der Rechtsstufen abhängig.

Anhang: Die sogenannten Beschlußbehörden.

Neben den allgemeinen Verwaltungsgerichten sind in zahlreichen Ländern sogenannte Beschlußbehörden vorhanden gewesen. Die Art ihrer Zusammensetzung hat sich von der der Verwaltungsgerichte, wenn überhaupt, so doch nur unwesentlich unterschieden. Sie waren wie diese vom Dienstbefehl freigestellt, entschieden jedoch in einem weniger formgebundenen Verfahren durch Beschluß. Sie waren besonders in Preußen für den Erlaß zahlreicher ursprünglicher Verwaltungsakte zuständig. Nach der Machtergreifung sind sie vielfach, wie z. B. in Preußen (vgl. § 1 des Anp.Ges. vom 15. XII. 1933, GS S. 479) beseitigt und ihre Aufgaben den Verwaltungsbehörden zugewiesen worden[315].

---

[314] Vgl. die ausführl. Darstellung von Danckwerts in „Deutsches Verwaltungsrecht" von Frank S. 99 ff.

[315] Vgl. Danckwerts a.a.O. S. 101.

2. Die allgemeinen Verwaltungsgerichte in Preußen, insbesondere das Oberverwaltungsgericht.

Schrifttum:

Bühler: Staats- und Verwaltungsrechtsgesetze, Berlin 1931;
Weber: Preußisches Verwaltungsrecht, Berlin 1938 (Beck);
Reuss: Das Verwaltungsstreitverfahren (nach dem Recht Preußens), Schriftenreihe der JW Nr. 7, Leipzig 1937.

Die Verwaltungsgerichtsbarkeit wird in Preußen durch die Kreis-, (Stadt-) und die Bezirksverwaltungsgerichte sowie durch das Oberverwaltungsgericht ausgeübt. Die Einrichtung der Kreis- (Stadt-) und Bezirksverwaltungsgerichte und das Verfahren vor diesen und vor dem Oberverwaltungsgericht beruhen auf dem Gesetz über die allgemeine Landesverwaltung (LVG) vom 30. VII. 1883[316]; die Einrichtung des Oberverwaltungsgerichts ist in dem Gesetz betr. die Verfassung der Verwaltungsgerichte und das Verwaltungsstreitverfahren vom 3. VII. 1875[317] Titel 4 geregelt. Die Zuständigkeit der Verwaltungsgerichte ist in verschiedenen Gesetzen und Verordnungen geregelt, wie z. B. im Gesetz über die Zuständigkeit der Verwaltungs- und Verwaltungsgerichtsbehörden vom 1. VIII. 1883[318]. Die nach dem Anpassungsgesetz vom 15. XII. 1933[319] erfolgten Änderungen des Behördenaufbaues und der Zuständigkeiten sind bei der Darstellung der Einrichtung und Zuständigkeit berücksichtigt.

A. Einrichtung:

1. der Kreis- und Stadtverwaltungsgerichte.

Für jeden Kreis besteht am Amtssitz des Landrats ein Kreisverwaltungsgericht, welches aus dem Landrat als Vorsitzenden und vier Mitgliedern besteht (§ 36 LVG).

Für die Stadtkreise tritt das Stadtverwaltungsgericht an die Stelle der Kreisverwaltungsgerichte; es besteht aus dem Bürgermeister oder dessen gesetzlichen Vertreter als Vorsitzenden und vier Mitgliedern auf Zeit[320].

Der Vorsitzende oder wenigstens ein Mitglied muß zum Richteramt oder höheren Verwaltungsdienst befähigt sein (§ 37 LVG). Das Kreis-(Stadt-)Verwaltungsgericht ist beschlußfähig, wenn mit Einschluß des Vorsitzenden drei Mitglieder anwesend sind (§ 40 LVG).

2. des Bezirksverwaltungsgerichts.

Das Bezirksverwaltungsgericht besteht aus dem Regierungspräsidenten als Vorsitzenden und aus sechs Mitgliedern. Zwei dieser Mitglieder, von denen eins zum Richteramt, eins zur Bekleidung von höheren Verwaltungsämtern befähigt sein muß, werden vom Staatsministerium auf Lebenszeit ernannt (§ 28 LVG).

---

[316] GS S. 195 mit den bish. erg. Änd., s. bei Weber S. 140.
[317] GS S. 375.
[318] GS S. 237 mit den bish. erg. Änd., s. bei Weber.
[319] GS S. 479.
[320] Vgl. § 4 Anp.G. V über die Ernennung der Mitglieder.

Das Bezirksverwaltungsgericht ist bei Anwesenheit von fünf Mitgliedern, in Streitsachen unter Fürsorgeverbänden bei Anwesenheit von drei Mitgiledern beschlußfähig (§ 33 LVG).

3. des Oberverwaltungsgerichts.

Die Einrichtung des Oberverwaltungsgerichts ist unter dem Titel 4 des im übrigen durch das Landesverwaltungsgesetz aufgehobenen Gesetzes betr. die Verfassung der Verwaltungsgerichte und das Verwaltungsstreitverfahren vom 3. VII. 1875[321] geregelt. Das OVG besteht aus einem Präsidenten, dem Senatspräsidenten und der erforderlichen Anzahl von Räten. Die eine Hälfte der Mitglieder muß zum Richteramt, die andere zur Bekleidung von höheren Verwaltungsämtern befähigt sein (§ 17 des Ges. von 1875[322]).

Das Oberverwaltungsgericht ist in Senate eingeteilt. Dem Präsidenten gebührt der Vorsitz in demjenigen Senat, welchem er sich anschließt, in den anderen Senaten führt ein Senatspräsident den Vorsitz. Zur Fassung gültiger Beschlüsse des OVG ist die Teilnahme von wenigstens fünf Mitgliedern erforderlich (§§ 27 und 28 des Ges. von 1875).

Das Plenum des Oberverwaltungsgerichts ist zur Fassung von Plenarentscheidungen zuständig. Es ist hierzu die Teilnahme von wenigstens zwei Dritteln aller Mitglieder erforderlich. Die Entscheidung des Plenums ist dann einzuholen, wenn ein Senat des Oberverwaltungsgerichts in einer Rechtsfrage von einer früheren Entscheidung eines anderen Senats oder des Plenums abweichen will (§ 29 des Ges. von 1875).

Beim Oberverwaltungsgericht ist zur Entscheidung in Landeskulturangelegenheiten der „Senat für Siedlung und Auseinandersetzung“ bestellt (vgl. S. 72).

Ferner ist beim OVG ein Entschädigungsgericht gebildet, welches bei der Enteignung für Zwecke der Wehrmacht entscheidet[323]. Dieses besteht aus dem Präsidenten des Senats für Siedlung und Auseinandersetzung als Vorsitzenden und zwei Vertretern der Landeskulturbehörden, in deren Bezirk das in Anspruch genommene Grundeigentum liegt, als Beisitzer. Die Beisitzer müssen die Fähigkeit zum Richteramt oder höheren Verwaltungsdienst haben.

B. Zuständigkeit.

Die sachliche Zuständigkeit der Verwaltungsgerichte ist durch besondere Gesetze und Verordnungen geregelt (§ 7 Abs. II LVG). Bestimmungen über die Zuständigkeit enthalten z. B. das Zuständigkeitsgesetz im II. Titel (Angelegenheiten der Kreise), im VI. Titel

---

[321] Siehe [317].

[322] Die Entscheidungen d. OVG werden i. d. Samml. der „Entscheidungen des Preuß. OVG“ veröffentlicht.

[323] Ges. über die Landbeschaffung für Zwecke der Wehrmacht vom 29. III. 1935, RGBl. S. 467 (§ 3).

(Angelegenheiten der öffentlichen Fürsorge), im VII. Titel (Schulangelegenheiten)[324].

Die Zuständigkeit in den einzelnen Instanzen ist wie folgt geregelt: Während das Kreis-(Stadt-)verwaltungsgericht in erster Instanz tätig wird, hat das Bezirksverwaltungsgericht die Funktion einer zweiten Instanz. Soweit eine Zuständigkeit der Kreis- (Stadt-) verwaltungsgerichte in erster Instanz nicht begründet ist, hat das Bezirksverwaltungsgericht auch die Funktion einer ersten Instanz. Die Spitze der Verwaltungsgerichtsbarkeit zeigt eine Gabelung: Streitigkeiten der Fürsorgeverbände untereinander werden in letzter Instanz vom Bundesamt für das Heimatwesen erledigt, trotzdem sie vom Bezirksverwaltungsgericht herkommen. Für die übrigen Streitigkeiten ist — soweit keine Ausnahmen bestehen[325a] — die Spitze der Verwaltungsgerichtsbarkeit das Oberverwaltungsgericht.

Das Oberverwaltungsgericht ist ferner zuständig: Nach § 27 Abs. III Wehrleistungsgesetz vom 13. VII. 1938 (RGBl. S. 887) in Verbindung mit § 5 Abs. I der Durchf.VO zu diesem Gesetz (RGBl. S. 896) — solange ein Reichsverwaltungsgericht nicht besteht — zur Entscheidung über das Rechtsmittel der Beschwerde gegen die Entscheidungen über die Vergütung oder Entschädigung der höheren Verwaltungsbehörden, wenn die Forderung im Einzelfall den Betrag von 100 000 RM übersteigt;

nach dem Gesetz vom 14. VII. 1905[325b] (A IV § 4) in Kirchensteuerangelegenheiten der evangelischen Landeskirche.

Über die sachliche Zuständigkeit des Senats für Siedlung und Auseinandersetzung s. S. 72.

Das Entschädigungsgericht ist zuständig, wenn ein Beteiligter es beantragt:

a) zur Entscheidung über die Angemessenheit einer Entschädigung, die für die Enteignung eines Grundstücks zum Zweck der Landbeschaffung für die Wehrmacht von der beim Reichskriegsministerium gebildeten Reichsstelle für Landbeschaffung festgesetzt ist[326];

b) nach § 18 Abs. IV des Reichsnaturschutzgesetzes vom 26. VI. 1935[327] zur Entscheidung über die Angemessenheit einer Entschädigung, die für die Enteignung eines Grundstücks, welches in das Naturschutzgebiet einbezogen wird, von der beim Reichsforstamt gebildeten Reichsstelle für Landbeschaffung zu Zwecken des Naturschutzes festgesetzt ist.

---

[324] Vgl. im übrigen die Aufstellung im Hauptsachverzeichnis zur GS von 1926—1935 (Berlin 1937) unter „Kreis“-, „Stadt“-, „Bezirks“- und „Oberverwaltungsgericht“ sowie unter „Verwaltungsstreitverfahren“.

[325a] Vgl. §§ 109—113 Zuständigk.-Ges. (letzte Instanz: Reichs- u. Preuß. WiM).

[325b] GS S. 277.

[326] Siehe [323].

[327] RGBl. S. 821.

C. Verfahren.

Verfahrensvorschriften enthalten die §§ 50 ff. LVG. Das Verfahren der Kreis-, Stadt- und der Bezirksverwaltungsgerichte in Angelegenheiten der allgemeinen Landesverwaltung ist nach § 54 LVG das Verwaltungsstreitverfahren. Dieses tritt in allen Angelegenheiten ein, in welchen die Gesetze von der Entscheidung in streitigen Verwaltungssachen oder von der Erledigung der Angelegenheit im Streitverfahren oder durch Endurteil oder von der Klage bei dem Kreisverwaltungsgericht, dem Bezirksverwaltungsgericht oder einem Verwaltungsgericht sprechen, oder wo sonst dieses Verfahren vorgeschrieben ist (§ 54 Abs. II LVG[328]). Das Oberverwaltungsgericht verhandelt und entscheidet in den durch besondere gesetzliche Vorschriften bezeichneten Angelegenheiten im Beschlußverfahren (§§ 115 ff. LVG), sonst im Verwaltungsstreitverfahren (§ 54 Abs. IV LVG).

Zur berufsmäßigen Rechtsvertretung vor den Verwaltungsgerichten sind besondere Verwaltungsrechtsräte zugelassen (vgl. hierüber das Gesetz über die Vertretung vor den Verwaltungsgerichten vom 25. V. 1926[329].

XI. Kommende Reichsverwaltungsgerichtsbarkeit.

Schrifttum:

Frank: Deutsches Verwaltungsrecht, München 1937, S. 99 ff;
Scholz: Die Verwaltungsgerichtsbarkeit im Dritten Reich, Köln 1936;
Koellreuther: Deutsches Verwaltungsrecht, Berlin 1936, S. 134 ff;
Laforet: Deutsches Verwaltungsrecht, München 1937, S. 260.

Die Frage, ob im nationalsozialistischen Staat für eine Verwaltungsgerichtsbarkeit in streitigen Verwaltungssachen noch Raum ist, ist seit 1933 lebhaft umstritten. In der ersten Zeit nach der Machtübernahme wurden Stimmen laut, die sich gegen eine Verwaltungskontrolle durch Gerichte aussprachen. In der Begründung wurde insbesondere ausgeführt, daß der „Totale Staat" sich keiner Gerichtsgewalt unterwerfe, daß seine Verwaltung frei sein müsse von der richterlichen Nachprüfung. So sind es insbesondere Höhn[330] und v. Löwenstein[331], die sich für die Abschaffung der Verwaltungsgerichtsbarkeit aussprechen. Für die Beibehaltung der Verwaltungsgerichtsbarkeit sind aber die große Mehrzahl der Schriftsteller, so u. a. Stuckart[332], Reuß[333], Grauert[334], Koellreuther[335] usw.[336]. Die

[328] S. das Hauptverzeichnis zur GS von 1926—1935 unter „Verwaltungsstreitverfahren".
[329] GS S. 163.
[330] Deutsche Rechtswissenschaft, Bd. I, 1936, S. 49 ff.
[331] Der deutsche Verwaltungsbeamte, 1935, S. 263.
[332] Deutsche Verwaltung, 1935, S. 161 ff.
[333] JW 1935 S. 2025 ff. Völkischer Beobachter vom 24. XI. 1935 (328).
[334] DJZ 1934, Sp. 968.
[335] Grundriß der Allgemeinen Staatslehre, Tübingen 1933, S. 252.
[336] Vgl. die Zusammenstellung bei Scholz auf S. 22.

grundsätzliche Entscheidung ist aber heute durch den Gesetzgeber selbst erfolgt. Wie der Gesetzgeber Rechtsansprüche auf dem Gebiete des öffentlichen Rechts aus Gründen der Volksgemeinschaft anerkannt hat, so hat er auch die Einrichtung der Verwaltungsgerichtsbarkeit ausdrücklich bestätigt[337]. Dieses ist festzustellen, sowohl in einzelnen preußischen[338], als auch in vielen Reichsgesetzen. So ist im § 3 der Deutschen Gemeindeordnung das Verwaltungsstreitverfahren vorgesehen. Neuerdings hat das Deutsche Beamtengesetz[339] die Verwaltungsgerichtsbarkeit ausdrücklich anerkannt, vor allem durch die Zuweisung der vermögensrechtlichen Ansprüche an die Verwaltungsgerichte. Vgl. ferner § 41 der Reichsdienststrafordnung[340], § 8 des Erstattungsgesetzes[341]. Diese Gesetze haben erneut das Ziel des Gesetzgebers klargestellt, daß zur Bildung der Einheitlichkeit in der gesetzlichen Auslegung ein höchstes Verwaltungsgericht des Reiches: das Reichsverwaltungsgericht, ins Leben gerufen werden soll. Es ist deshalb abzuwarten, bis der Gesetzgeber Bestimmungen erläßt, welche die Einrichtung und Zuständigkeit der kommenden Reichsverwaltungsgerichte und das Verfahren vor ihnen näher regelt. Einen Entwurf einer Reichsverwaltungsgerichtsordnung hat Scholz im Anhang seiner Arbeit gegeben. Danach sind die Gerichte, welche die ordentliche Verwaltungsgerichtsbarkeit des Reiches ausüben, die Bezirksverwaltungsgerichte, die Gauverwaltungsgerichte und das Reichsverwaltungsgericht (§ 5 des Entwurfes).

XII. Gerichtsartig organisierte Behörden mit vorübergehendem Aufgabenkreis.

1. Feststellungsbehörden — Reichsfeststellungsbehörde.

Schrifttum:

Erbe: „Das Gesetz über die Gewährung von Entschädigungen bei der Einziehung und dem Übergang von Vermögen“, in JW 1938, S. 993;

Krug: Das Gesetz über die Gewährung von Entschädigungen . . . .“ in der DJ 1938, S. 52.

Für die Festsetzung von Entschädigungen bei der Einziehung oder dem Übergang von kommunistischen, volks- oder staatsfeindlichen, dem Reich verfallenen oder den früheren Arbeitgeber- und Arbeitnehmervereinigungen gehörigen Vermögen sind besondere Feststellungsbehörden zuständig[342].

---

337 Dr. Frick in: Deutsche Verwaltung, 1936, S. 333.
338 Z. B. das Anpassungsgesetz vom 15. XII. 1933, GS S. 479.
339 Vom 26. I. 1937, RGBl. S. 39.
340 Vom 26. I. 1937, RGBl. S. 71.
341 Vom 18. IV. 1937, RGBl. S. 461.
342 Reichsgesetz vom 9. XII. 1937, RGBl. 1333, §§ 8, 21, 28.

A. Einrichtung.

In Preußen und Bayern sind die Feststellungsbehörden die Regierungspräsidenten (in Berlin der Polizeipräsident), in Sachsen die Kreishauptmänner und in den übrigen Ländern die obersten Landesbehörden.

Neben diesen Feststellungsbehörden besteht die dem Reichsminister des Innern angegliederte Reichsfeststellungsbehörde; bei dieser sind Kammern gebildet. Jede Kammer erkennt in einer Besetzung von fünf Mitgliedern, einschließlich des Vorsitzenden, von denen drei die Fähigkeit zum Richteramt oder höheren Verwaltungsdienst besitzen müssen. Zwei Mitglieder werden vom Stellvertreter des Führers vorgeschlagen. Der Vorsitzende und die Mitglieder werden vom Reichsminister des Innern bestellt (§ 16).

Im Falle des § 27 (s. unter B 2 b) erkennen die Kammern dagegen nur in einer Besetzung von drei Mitgliedern einschließlich des Vorsitzenden, von denen ein Mitglied vom Stellvertreter des Führers, ein weiteres vom Reichswirtschaftsminister im Einvernehmen mit dem Reichsarbeitsminister vorgeschlagen wird. Der Vorsitzende und die Mitglieder werden vom Reichsminister des Innern bestellt (vgl. § 30).

B. Zuständigkeit.

1. Die Feststellungsbehörden sind zuständig zur Festsetzung von Entschädigungen, wenn jemand infolge der Beschlagnahme oder Einziehung von Sachen und Rechten, die auf Grund des Gesetzes über die Einziehung kommunistischen Vermögens vom 26. V. 1933[343] oder des Gesetzes über die Einziehung volks- und staatsfeindlichen Vermögens vom 14. 7. 1933[344] zugunsten eines Landes erfolgt ist, oder in Auswirkung des Gesetzes vom 9. XII. 1937 einen Vermögensnachteil erlitten hat und einen entsprechenden Antrag auf Festsetzung einer Entschädigung bis zum 30. VI. 1938 gestellt hat (§§ 6 ff.)[345].

2. Die Reichsfeststellungsbehörde ist zuständig: a) In erster Instanz zur Festsetzung von Entschädigungen, wenn:

aa) jemand infolge der Beschlagnahme oder der Verfallserklärung, die auf Grund des Gesetzes über den Widerruf von Einbürgerungen und die Aberkennung der deutschen Staatsangehörigkeit vom 4. VII. 1933[346] erfolgt ist, einen Vermögensnachteil erlitten hat und einen Antrag auf Festsetzung einer Entschädigung bis zum 30. VI. 1938 gestellt hat (§§ 20 ff.) und

bb) für einen infolge der Bestimmungen der §§ 25 und 26 des Gesetzes vom 9. XII. 1937 erlittenen Vermögensnachteil dem Geschädigten eine Entschädigung aus Mitteln der DAF. und der

---

[343] RGBl. S. 293.
[344] RGBl. S. 479.
[345] Vgl. die erste DurchfVO vom 11. III. 1938, RGBl. S. 240.
[346] RGBl. S. 480.

Vermögensverwaltung der DAF. gewährt werden kann und der Geschädigte einen Antrag bis zum 30. IX. 1938 stellt (vgl. §§ 27 ff.).

b) In zweiter Instanz zur Entscheidung über das Rechtsmittel der Beschwerde gegen die Festsetzungsentscheidungen der Feststellungsbehörden.

C. Verfahren.

Das Verfahren vor den Feststellungsbehörden und der Reichsfeststellungsbehörde ist in den §§ 8 ff. der Zweiten Durchführungsverordnung vom 18. III. 1938[347] geregelt. Nach § 17 Abs. II dieser Verordnung ergehen die Entscheidungen als Beschlüsse. Soweit eine Vollstreckung erforderlich wird, werden die rechtskräftigen Entscheidungen auf Ersuchen der Feststellungsbehörde im Verwaltungszwangsverfahren vollstreckt.

D. Rechtsnatur — Verhältnis zu anderen Gerichten.

Die Feststellungsbehörden und die Reichsfeststellungsbehörde sind Verwaltungsstellen. Ihre Entscheidungen sind für die ordentlichen Gerichte und sonstigen Spruchstellen bindend (§ 37)[348].

Entschädigungen werden in den betroffenen Fällen des Gesetzes vom 9. XII. 1937 auf Grund anderer Gesetze nicht gewährt. Etwa bestehende Ansprüche erlöschen (§ 32 Abs. I).

Wird in einem Rechtsstreit vor einem anderen Gericht von einer Partei geltend gemacht, daß der anhängige Anspruch unter das Gesetz vom 9. XII. 1937 falle, so muß das Gericht das Verfahren aussetzen und die Zwangsvollstreckung aus einer bereits erlassenen vollstreckbaren Entscheidung einstweilen einstellen. Das Gericht kann diese Anordnung von Amts wegen treffen, wenn es den anhängigen Anspruch als unter dieses Gesetz fallend ansieht. In beiden Fällen hat das Gericht unter Vorlage der Akten die zuständige Feststellungsbehörde zu benachrichtigen. Die Anordnungen des Gerichts sind unanfechtbar.

Die Feststellungsbehörde kann entweder die Weiterverfolgung des Anspruchs im ordentlichen Rechtsweg zulassen oder die Akten der Reichsfeststellungsbehörde zur Entscheidung vorlegen. Wenn die Feststellungsbehörde oder die Reichsfeststellungsbehörde die Weiterverfolgung des Anspruchs im ordentlichen Rechtswege zuläßt, so hat das Gericht auf Antrag die Anordnung über die Aussetzung des Rechtsstreits oder die einstweilige Anordnung der Zwangsvollstreckung aufzuheben. Entscheidet die Reichsfeststellungsbehörde, daß der Anspruch im Feststellungsverfahren zu behandeln ist, so wird seine Weiterverfolgung im Rechtsweg und die Zwangsvollstreckung aus dem über ihn ergangenen Titel unzulässig (§ 32).

---

[347] RGBl. S. 317.

[348] Vgl. den Aufsatz von Erbe in der JW 1938, S. 993.

2. Besondere Spruchkammern in Entschädigungsangelegenheiten beim Oberfinanzpräsidenten in Berlin.

Nach der Entschädigungsordnung vom 30. VII. 1921[349] sind die beim Reichsentschädigungsamt für Kriegsschäden gebildeten Spruchkammern zur Feststellung von Entschädigungen und Vergütungen für Schäden aus Anlaß des Weltkrieges und Friedensschlusses sowie zur Entscheidung in bestimmten Entschädigungsangelegenheiten zuständig. Durch Gesetz vom 26. III. 1930[350] ist das Reichsentschädigungsamt am 31. III. 1930 aufgelöst worden. Seine Aufgaben sind mit der Auflösung auf die Restverwaltung für Reichsaufgaben übergegangen und die beim Reichsentschädigungsamt gebildeten Spruchkammern sind zu dieser Restverwaltung für Reichsaufgaben getreten. Durch Gesetz vom 18. III. 1933[351] ist am 31. III. 1933 auch die Restverwaltung für Reichsaufgaben aufgelöst. Ihre Aufgaben sind mit der Auflösung auf den Oberfinanzpräsidenten in Berlin übergegangen, zu dem auch die bei der Restverwaltung gebildeten Spruchkammern getreten sind.

Für die Einrichtung und Zuständigkeit dieser Spruchkammern und das Verfahren vor diesen sind auch heute noch die Bestimmungen der Entschädigungsordnung maßgebend. Diese Arbeit beschränkt sich auf eine kurze Angabe des Zuständigkeitsgebietes dieser Spruchkammern.

Nach § 1 EO sind die Spruchkammern im ersten Rechtszug für die Feststellung folgender Entschädigungen und Vergütungen zuständig:

a) für Kriegsschäden im Reichsgebiet, soweit das schädigende Ereignis im Gebiet des ehemaligen Reichslandes Elsaß-Lothringen eingetreten ist,

b) für die Entziehung oder Beeinträchtigung von Gegenständen, soweit sie von den früheren Feinden im Versailler Vertrag selbst oder auf Grund dieses Vertrages erfolgt sind,

c) für Schäden, die infolge der durch den Krieg veranlaßten Abtretung von Gebietsteilen des Deutschen Reiches an eine fremde Macht oder der vorausgehenden Besetzung dieser Gebiete durch eine solche Macht entstanden sind (Verdrängungsschäden),

d) usw. (vgl. § 1 EO).

Im zweiten Rechtszug entscheidet das Reichswirtschaftsgericht über die Rechtsmittel der Berufung, Revision und Beschwerde gegen die Entscheidungen der Spruchkammern (§ 1 EO, siehe S. 68).

---

349 RGBl. S. 1046.
350 RGBl. S. 96.
351 RGBl. S. 138.

3. Fürsorgeamt — Oberfürsorgeamt nach dem Unterbringungsgesetz.

Nach dem preußischen Gesetz über die Unterbringung von mittelbaren Staatsbeamten und Lehrpersonen vom 30. III. 1920[352] (UG) sind die Gemeinden und Gemeindeverbände sowie alle sonstigen Körperschaften verpflichtet, ihre freien, frei werdenden oder neu zu schaffenden Stellen nach Maßgabe des Unterbringungsgesetzes mit mittelbaren Staatsbeamten zu besetzen, die infolge Abtretung oder Besetzung preußischer Landesteile ihr Amt verlieren oder es aufgeben, weil ihnen nach Lage der Verhältnisse die Fortsetzung ihrer Amtstätigkeit unter fremder Herrschaft nicht zugemutet werden kann (§ 1). Die Besetzung der Stellen wird durch das „Fürsorgeamt für Beamte aus den Grenzgebieten" vermittelt, das seinen Sitz in Berlin hat (§ 3). Die im § 1 UG genannten Körperschaften sind verpflichtet, unverzüglich alle für die Besetzung in Betracht kommenden Stellen anzumelden, und die Bewerber sind verpflichtet, unverzüglich nach Aufgabe ihrer bisherigen Stellung bei dem Fürsorgeamt den Antrag auf Eintragung in die von diesem zu führende Bewerberliste zu stellen (§ 5).

Für hauptamtlich angestellte Leiter und Lehrer an höheren Lehranstalten usw. (vgl. § 13) besteht ein besonderes „Fürsorgeamt für Lehrpersonen" mit dem Sitz in Berlin. Das Fürsorgeamt für Beamte und das Fürsorgeamt für Lehrpersonen haben außer der nach dem Unterbringungsgesetz übertragenen Verwaltungstätigkeit über alle bei der Anwendbarkeit und Durchführung des Unterbringungsgesetzes entstehenden Streitigkeiten zu entscheiden (§ 11 UG). Das Oberfürsorgeamt ist zuständig zur Entscheidung über das Rechtsmittel der Beschwerde gegen die Entscheidungen der Fürsorgeämter (§ 12 UG).

A. Einrichtung:

1. des Fürsorgeamtes für Beamte.

Das Fürsorgeamt besteht aus dem Leiter, seinem Stellvertreter, zwei Beigeordneten und zwei Stellvertretern, die vom Ministerpräsidenten auf Vorschlag des Ministers des Innern auf Widerruf ernannt werden (§ 11 UG).

2. des Fürsorgeamtes für Lehrpersonen.

Das Fürsorgeamt für Lehrpersonen besteht aus einem Leiter und zwei Beigeordneten sowie den erforderlichen Stellvertretern, die vom Minister für Wissenschaft, Erziehung und Volksbildung bis auf Widerruf ernannt werden (§ 13 Abs. III UG).

3. des Oberfürsorgeamtes.

Das Oberfürsorgeamt besteht aus dem Vorsitzer, seinem Stellvertreter, zwei Beisitzern und ebensovielen Stellvertretern, die vom Ministerpräsidenten auf die Dauer ihres Hauptamtes ernannt werden.

[352] GS S. 63, mit dem Änderungsgesetz vom 21. V. 1935; GS S. 69.

Der Vorsitzer und der Stellvertreter müssen Senatspräsidenten des OVG, die Beisitzer und ihre Stellvertreter müssen ordentliche Mitglieder des OVG sein. Ihre Ernennung erfolgt auf Vorschlag des Präsidenten des OVG (§ 14 UG).

B. Zuständigkeit.

Der Leiter des Fürsorgeamtes entscheidet über alle bei der Durchführung des Unterbringungsgesetzes entstehenden Streitigkeiten endgültig, mit Ausnahme der im § 12 bezeichneten Angelegenheiten. Das sind z. B. die Kündigung einer Stelle (§ 2), die Anmeldepflicht einer Stelle durch die Anstellungsbehörde (§ 4), der Anspruch auf Eintragung eines Bewerbers. Der Leiter muß die Beigeordneten vor der Entscheidung über die Ablehnung eines Antrags auf Eintragung in die Bewerberliste und über die Streichung in der Bewerberliste, soweit diese auf Grund des § 9 Abs. IV Ziff. 5 erfolgt, hören (§ 11 UG).

Gegen Entscheidungen, welche die Kündigung einer Stelle durch die Anstellungsbehörde (§ 2), die Anmeldepflicht einer Stelle durch die Anstellungsbehörde (§ 4) usw. (vgl. § 12) betreffen, findet insoweit die Beschwerde an das Oberfürsorgeamt in Berlin statt. Auch in diesem Fall entscheidet der Vorsitzer nach Anhörung der Beisitzer (§§ 12 und 14 UG).

C. Verfahren.

Das Verfahren ist nach der Neufassung des Unterbringungsgesetzes vom 21. V. 1935 (GS S. 69) nicht geregelt. Bisher richtete sich das Verfahren nach den Vorschriften des Landesverwaltungsgesetzes über das Beschlußverfahren (§ 11 Abs. VI alte Fassung).

D. Rechtsnatur.

Die beiden Fürsorgeämter und das Oberfürsorgeamt sind Verwaltungsbehörden. Im Gegensatz zur Regelung bis zum Inkrafttreten des Änderungsgesetzes vom 21. V. 1935[353] sind sie jetzt, soweit sie über Streitigkeiten zu entscheiden haben, keine Beschlußbehörden mehr. Der Leiter bzw. der Vorsitzer entscheidet über die Streitigkeiten allein; die Beisitzer haben nur noch eine beratende Funktion.

[353] Siehe [352].

IV. Abschnitt.

Kompetenzkonfliktsgerichtshöfe.

Schrifttum:

Frank: Deutsches Verwaltungsrecht, München 1937;
Laforet: Deutsches Verwaltungsrecht, München 1937;
Koellreuther: Deutsches Verwaltungsrecht, Berlin 1936

Nach § 17 GVG kann die Landesgesetzgebung die Entscheidung von Streitigkeiten zwischen den ordentlichen Gerichten einerseits und den Verwaltungsgerichten oder Verwaltungsbehörden andererseits über die Zulässigkeit des Rechtsweges besonderen gerichtlichen Behörden übertragen. Zur Entscheidung derartiger Kompetenzkonflikte haben eine Reihe von Ländern Kompetenzkonfliktsgerichtshöfe geschaffen, so Preußen[354], Bayern[355], Sachsen, Württemberg und Baden. Diese Gerichtshöfe sind beim Übergang der Justizhoheit auf das Reich im bisherigen Umfang aufrechterhalten[356]. Sie sind Gerichte des Reichs, allerdings nur gebildet für das Gebiet der früheren Länder Diese Arbeit wird sich auf die Darstellung der Einrichtung des Preußischen und Bayerischen Gerichtshofes beschränken.

A. Einrichtung:

1. des Preußischen Gerichtshofes.

Der Preußische Gerichtshof, der seinen Sitz in Berlin hat, setzt sich aus 11 Mitgliedern zusammen, und zwar aus Mitgliedern des Kammergerichts und solchen, die zum Richteramt oder höherem Verwaltungsdienst befähigt sein müssen. Sie müssen das 35. Lebensjahr vollendet haben (§ 2 der VO vom 1. VIII. 1879). Die Mitglieder, die dem Kammergericht angehören, werden, sofern sie nicht durch Gesetz bestimmt sind, durch den Reichsminister der Justiz bestellt (§ 2 der VO vom 27. III. 1935). Sämtliche Mitglieder werden für die Dauer des z. Zt. ihrer Ernennung von ihnen bekleideten Amtes oder, falls sie zu dieser Zeit ein Amt nicht bekleideten, auf Lebenszeit ernannt (§ 2 Abs. II der VO vom 1. VIII. 1879).

Der Gerichtshof entscheidet in der Besetzung von 7 Mitgliedern (§ 3 der VO von 1879).

---

354 Verordnung über den Gerichtshof zur Entscheidung der Kompetenzkonflikte vom 1. VIII. 1879, GS. S. 573, mit den bish. erg. Änderungen.

355 Gesetz vom 18. VIII. 1879, Bay. GVBl. S. 991, vgl. hierzu Art. 2 § 2 der VO des RJM über Änderungen d. Gerichtswesens in Bayern vom 19. III. 1935, RGBl. S. 384.

356 § 1 der VO vom 27. III. 1935, RGBl. S. 492.

2. des Bayerischen Gerichtshofes.

In Bayern ist der Gerichtshof dem Oberlandesgericht München angegliedert. Er besteht aus dem Präsidenten des Oberlandesgerichts München als Präsidenten, einem Senatspräsidenten des Oberlandesgerichts München als Stellvertreter des Präsidenten, 6 Räten des Oberlandesgerichts München, 5 Räten des Verwaltungsgerichtshofes und 3 hauptamtlichen Mitgliedern der Oberversicherungsämter (vgl. Art. 2 § 2 der VO für Bayern vom 19. III. 1935).

B. Zuständigkeit.

Die Gerichtshöfe zur Entscheidung der Kompetenzkonflikte entscheiden in den Fällen des positiven und negativen Kompetenzkonfliktes.

1. Ein positiver Kompetenzkonflikt liegt vor, wenn eine Verwaltungsbehörde in einem bei den Gerichten anhängigen bürgerlichen Rechtsstreit den Rechtsweg für unzulässig erachtet und dies dem Gericht, bei dem die Sache schwebt, schriftlich erklärt. Das Prozeßverfahren wird darauf unterbrochen, bis der Gerichtshof entschieden hat (§§ 6 ff. VO von 1879; Art. 8 ff. des bayer. Ges. von 1879).

2. Der Gerichtshof entscheidet ferner auf den Antrag einer bei der Sache beteiligten Partei, wenn einerseits die Gerichte und andererseits die Verwaltungsbehörden und Verwaltungsgerichte ihre Unzuständigkeit ausgesprochen haben (negativer Kompetenzkonflikt). Dies kommt jedoch nicht in Betracht, wenn die Unzuständigkeit der Gerichte vom Reichsgericht ausgesprochen ist (§ 21 der VO von 1879 und Art. 22 i. d. Fass. des Gesetzes vom 22. V. 1902[357]). Hat in einer Sache der Gerichtshof den Rechtsweg für zulässig erklärt, so ist die Zuständigkeit der Verwaltungsbehörden und Verwaltungsgerichte ausgeschlossen. (Art. 2 des Gesetzes von 1902.)

C. Verfahren.

Das Verfahren ist in den einzelnen Ländern nach Landesrecht geregelt, in Preußen in der Verordnung vom 1. VIII. 1879, in Bayern in dem Gesetz vom 18. VIII. 1879. Die Entscheidung erfolgt in beiden Ländern auf Grund mündlicher Verhandlung in öffentlicher Sitzung. Die Parteien sind zu dem Termin von Amts wegen zu laden; sie müssen sich, wenn sie verhandeln wollen, durch einen Rechtsanwalt vertreten lassen (§ 17 Abs. II Ziff. 3 GVG; §§ 9—17, 20 der VO vom 1. VIII. 1879 und Art. 10 ff. des Gesetzes vom 18. VIII. 1879).

---

[357] GS S. 145.

V. Abschnitt.

Schiedsgerichte und Gütestellen.

Vorbemerkung:

Neben den bisher behandelten Gerichten und Behörden mit gerichtlicher Organisation bestehen Schiedsgerichte, Gütestellen, Schiedsgutachterstellen usw., die zur Entscheidung über Streitigkeiten, die in der Hauptsache bürgerlich-rechtlicher Natur sind, bzw. zur Beilegung solcher Streitigkeiten zuständig sind.

Diese Schiedsgerichte, Gütestellen, Schiedsgutachterstellen usw. kann man nun einerseits danach unterscheiden, ob sie durch die Parteien frei vereinbart bzw. kraft objektiven Rechts errichtet sind (z. B. auf Grund einer Tarifordnung oder Satzung) oder andererseits danach, ob sie Schiedssprüche mit verbindlicher Kraft erlassen können oder ob sie nur eine vermittelnde oder gutachtliche Tätigkeit ausüben. Eine Aufgliederung nach diesen beiden Gesichtspunkten läßt sich aber nicht durchführen, da sie sich bei den einzelnen Schiedsgerichten, Gütestellen usw. zum Teil überschneiden. Diese werden deshalb ohne systematische Gliederung nacheinander behandelt.

1. Vertragliche Schiedsgerichte.

Vertragliche Schiedsgerichte[358] sind solche, die durch privatrechtlichen Schiedsvertrag vereinbart oder die durch große wirtschaftliche Organisationen ständig eingerichtet sind (sogen. kaufmännische Schiedsgerichte). Die gesetzliche Grundlage für diese Schiedsgerichte ist das 10. Buch der ZPO.

Soweit das privatrechtliche Schiedsverfahren auf arbeitsrechtlichem Gebiet liegt, regelt es das Arbeitsgerichtsgesetz in den §§ 91 ff. abschließend mit erheblichen Abweichungen vom 10. Buch der ZPO. Die Lieferschiedsgerichte des Reichsnährstandes können nicht einfach als Privatschiedsgerichte betrachtet werden, da sie einen gewissen öffentlichen Einschlag haben. Nicht zu den vertraglichen Schiedsgerichten gehören die ordentlichen Gerichte, sofern sie durch Schiedsurteil entscheiden (vgl. die §§ 18 ff. der Entlastungsverordnung).

---

[358] Im Gegensatz zu den öffentl. rechtl. Schiedsgerichten, wie z. B. die Internationalen Schiedsgerichte, die zur Beilegung von Streitigkeiten, die zwischen zwei Staaten entstehen, zuständig sind. Vgl. Baumbach, ZPO (1937), Vorbem. z. 10. Buch.

a) Die vertraglichen Schiedsgerichte im allgemeinen.

Schrifttum:

Thomas: Das privatrechtliche Schiedsgerichtsverfahren, Berlin 1935;
Baumbach: Das privatrechtliche Schiedsgerichtsverfahren, 1931.

Voraussetzung für die Anrufung des privaten Schiedsgerichts ist das Vorliegen eines Vertrages zwischen den Parteien, der die Entscheidung des Rechtsstreits durch ein solches Gericht vorsieht.

I. Der Schiedsvertrag.

Der Schiedsvertrag kann die Entscheidung durch einen oder mehrere Schiedsrichter zum alleinigen Inhalt haben. Es kann aber auch die Anrufung des Schiedsgerichts neben einer anderen Vertragsregelung angeordnet sein.

Die Vereinbarung, daß die Entscheidung durch einen oder mehrere Schiedsrichter erfolgen soll, hat insoweit rechtliche Wirkung, als die Parteien berechtigt sind, über den Gegenstand des Streites einen Vergleich zu schließen (§ 1025 Abs. I ZPO).

Für den Schiedsvertrag sind drei Formerfordernisse vorgeschrieben: Ausdrücklichkeit — Ausschließlichkeit — Schriftform. Der Mangel der Form wird allerdings durch die Einlassung auf die schiedsgerichtliche Verhandlung zur Hauptsache geheilt. Ausnahmsweise ist eine Form nicht vorgeschrieben, wenn der Vertrag für beide Teile ein Handelsgeschäft ist und keine der Parteien zu den im § 4 HGB bezeichneten Gewerbetreibenden gehören (§ 1027 ZPO); eine Form ist ferner nach dem Gesetz vom 18. XII. 1933[359] für Schiedsabreden in Kartellverträgen bestimmter Art nicht vorgeschrieben (vgl. Müllensiefen-Dörinkel: „Kartellrecht", Berlin 1938, Abschnitt Kartellschiedsgerichtsbarkeit XVI, 1).

Der Schiedsvertrag ist nicht nur beim Vorliegen der allgemeinen Unwirksamkeitsgründe unwirksam, sondern insbesondere auch dann, wenn eine Partei ihre wirtschaftliche oder soziale Überlegenheit dazu ausgenutzt hat, den anderen Teil zu einem Abschluß oder zur Annahme von Bestimmungen zu nötigen, die ihm im Verfahren ein Übergewicht über den anderen Teil einräumen (§ 1025 Abs. II ZPO, seit dem 1. I. 1934).

II. Die einseitige Schiedsklausel.

Die Zuständigkeit des Schiedsgerichts kann auch durch eine einseitige Willenserklärung, z. B. durch eine letztwillige Verfügung, begründet werden (§ 1048).

III. Das Schiedsgericht.

1. Bildung des Schiedsgerichts.

In erster Linie richtet sich die Bildung des Schiedsgerichts nach den in dem Schiedsvertrag oder in der Schiedsklausel gegebenen Be-

[359] RGBl. S. 1081.

stimmungen. In den meisten Fällen ist ein Schiedsgericht mit drei Schiedsrichtern vorgesehen, von denen einer den Vorsitz als Obmann führt. (Vgl. im einzelnen die §§ 1028 ff. ZPO.) Diese Vorschriften sind dann anzuwenden, wenn der Schiedsvertrag oder die Schiedsklausel eine Regelung für den Einzelfall nicht vorsieht.

2. Der Schiedsrichtervertrag.

Grundlage für die Tätigkeit der Schiedsrichter ist der Schiedsrichtervertrag, welcher zwischen den Schiedsrichtern und den Parteien geschlossen wird. Dieser Vertrag ist in den Bestimmungen des 10. Buches der ZPO im einzelnen nicht geregelt; im § 1033 Ziff. 1 ZPO ist er nur erwähnt[360].

3. Das Verfahren.

Das Verfahren kann von den Parteien frei vereinbart werden, soweit nicht die wenigen zwingenden Verfahrensvorschriften der ZPO maßgebend sind. (Vgl. die §§ 1034 ff. ZPO.)

Das Schiedsgerichtsverfahren wird entweder durch einen Vergleich beendet oder die Schiedsrichter fällen einen Schiedsspruch. Dieser hat unter den Parteien die Wirkung eines rechtskräftigen gerichtlichen Urteils (§ 1040 ZPO). Die Zwangsvollstreckung ist aus ihm nur zulässig, wenn er durch Beschluß des zuständigen Gerichts für vollstreckbar erklärt ist. Aus einem vor dem Schiedsgericht vermittelten Vergleich findet die Zwangsvollstreckung statt, wenn sich der Schuldner in ihm der sofortigen Zwangsvollstreckung unterworfen hat und der Vergleich durch Gerichtsbeschluß für vollstreckbar erklärt ist (§§ 1042, 1044a). Unter bestimmten Voraussetzungen kann die Aufhebung des Schiedsspruches bei dem zuständigen ordentlichen Gericht beantragt werden (§ 1041).

b) Insbesondere die kaufmännischen Schiedsgerichte.

Schrifttum:

Reimer-Mußfeld: Die kaufmännischen Schiedsgerichte, Berlin 1931;
David: Die wirtschaftliche Bedeutung der kaufmännischen Schiedsgerichte, 1932.

Privatrechtliche Schiedsgerichte nach den §§ 1025 ff. ZPO sind auch die sogenannten ständigen kaufmännischen Schiedsgerichte. Diese sind von den großen wirtschaftlichen Organisationen eingerichtet, z. B. von den Handelskammern, Börsen usw. Auf eine ausführliche Aufzählung und Darstellung dieser Schiedsgerichte muß hier verzichtet werden. Eine Übersicht vermittelt die Arbeit von Reimer-Mußfeld (a. a. O.). Wenn auch das Verzeichnis der 242 in dieser Schrift berücksichtigten Schiedsgerichtsordnungen überholt ist, so gibt diese Arbeit noch am besten eine Auskunft über die Einrichtung und Zuständigkeit der kaufmännischen Schiedsgerichte und über das Verfahren vor diesen.

---

[360] Vgl. ausführlich über den Schiedsrichtervertrag die Darstellung in den Kommentaren zur ZPO.

2. Einigungsämter für Wettbewerbsstreitigkeiten

Schrifttum:

Gottschick: in Hecht u. Kümpfel: „Der Wettbewerb", Berlin 1936;
Becher: Gesetz gegen den unlauteren Wettbewerb, 2. Aufl., München 1936;
Donig: Unlauterer Wettbewerb, Berlin 1933;
Reimer: Wettbewerbs- und Warenzeichenrecht, Berlin 1935;
Rudloff-Blochwitz: Das Recht des Wettbewerbs, Berlin 1938.

Die Errichtung der Einigungsämter für Wettbewerbsstreitigkeiten beruht auf § 27a UWG[361]. Danach können die obersten Landesbehörden anordnen, daß bei den amtlichen Berufsvertretungen von Handel, Handwerk und Industrie sowie bei ihren öffentlich-rechtlichen Verbänden oder bei einzelnen von ihnen Einigungsämter errichtet werden, die bei bürgerlichen Rechtsstreitigkeiten aus § 13 UWG (Schadensersatzpflicht — Unterlassungsanspruch), soweit die Wettbewerbshandlungen den Einzelverkauf an den letzten Verbraucher betreffen, von jeder Partei zum Zwecke einer Aussprache mit dem Gegner über den Streitfall angerufen werden können. Auf Grund dieser Bestimmung und der hierzu ergangenen Verordnung des Preußischen Ministers für Handel und Gewerbe vom 16. VII. 1932[362] sind bei zahlreichen Handwerks-, Industrie- und Handelskammern derartige Einigungsämter errichtet worden.

A. Einrichtung.

Das Reichsrecht gibt im § 27a UWG die Weisung, daß die Einigungsämter mit einem Rechtskundigen, der die Befähigung zum Richteramt haben muß, als Vorsitzenden und mindestens zwei sachverständigen Gewerbetreibenden als Beisitzer zu besetzen sind.

B. Zuständigkeit.

Die Einigungsämter sind sachlich schlechthin für Wettbewerbsfragen zuständig, und zwar:

1. wenn sie als freie Schiedsgerichte oder frei vereinbarte Gutachterstellen tätig werden.

In diesem Fall richten sich ihre Befugnisse entweder nach dem Inhalt der Vereinbarung über die sachliche Zuständigkeit oder in Ermangelung dieser Vereinbarung nach den allgemeinen Vorschriften der ZPO. Es fehlen ihnen dann aber die sich aus § 27a UWG ergebenden Zwangsbefugnisse;

2. bei bürgerlichen Rechtsstreitigkeiten aus § 13 UWG, soweit die Wettbewerbshandlungen den Einzelverkauf an den letzten Verbraucher betreffen (§ 27a UWG),

---

[361] Vom 7. VI. 1909, RGBl. S. 499, mit den bish. erg. Änd. u. Erg., s. Dehlinger (1938) D III, vgl. insb. § 27 a, eingefügt durch die VO vom 9. III. 1932, RGBl. S. 124.

[362] GS S. 249.

für das Rabattwesen nach § 13 Rabattgesetz vom 25. XI. 1933[363],
für das Zugabewesen nach § 2 Zugabegesetz vom 12. V. 1933[364].

C. Verfahren.

Das Verfahren vor den Einigungsämtern richtet sich nach § 27a Abs. III und IV UWG, nach den Durchführungsverordnungen der Länder (für Preußen s. Anm. 362)[365] und den Satzungen des betr. Einigungsamtes.

In der mündlichen Verhandlung hat das Einigungsamt zunächst einen gütlichen Ausgleich zu versuchen. Kommt ein Ausgleich zustande, so findet auf ihn die Vorschrift des § 1044a ZPO Anwendung. Er ist der Vollstreckung fähig, wenn sich der Schuldner in ihm der sofortigen Zwangsvollstreckung unterworfen hat und wenn er vom Gericht für vollstreckbar erklärt worden ist. Kommt ein Vergleich nicht zustande, so kann sich das Einigungsamt in einem gutachtlichen Spruch über den Streitfall äußern.

Hatten sich die Parteien dagegen von vornherein auf das Einigungsamt als Schiedsgericht geeinigt oder haben sie sich im Laufe seiner Entscheidung ihm unterworfen, so erläßt das Einigungsamt einen Schiedsspruch.

D. Rechtsnatur — Verhältnis zu den ordentlichen Gerichten.

Die Einigungsämter haben je nach ihrer Tätigkeit den Rechtscharakter eines Schiedsgerichts[366], einer Güte- oder Gutachterstelle.

Ist vom Einigungsamt ein gutachtlicher Spruch über den Streitfall ergangen, so kann dieser bei dem sich etwa anschließenden Verfahren vor dem ordentlichen Gericht verwertet werden. Das Gericht ist an diesen Spruch aber nicht gebunden[367].

3. Lieferschiedsgerichte des Reichsnährstandes.

Schrifttum:

Herms: Die Zuständigkeit der Reichsnährstandsgerichte in bürgerlichen Rechtsstreitigkeiten, Stuttgart 1938;
Frese: Die privatrechtliche Schiedsgerichtsbarkeit beim Reichsnährstand, Leipzig 1936;
Frese: Privatrechtliche Schiedsgerichtsbarkeit beim Reichsnährstand in „Recht des Reichsnährstandes“, 1935, S. 784;
Hamann: Die Schiedsgerichtsbarkeit des Reichsnährstandes, Köln 1936.

Von den auf Grund der Verordnung über die Bildung von Schiedsgerichten für die landwirtschaftliche Marktregelung vom 26. II. 1935 gebildeten öffentlichen Marktschiedsgerichten (vgl. S. 77 ff.) sind die durch Anordnung des Reichsbauernführers

[363] RGBl. S. 1011.
[364] RGBl. S. 264.
[365] Vgl. Gottschick, S. XVIII.
[366] Vgl. Donig, § 27a Anm. 1.
[367] Rudloff-Blochwitz, S. 122.

vom 18. VII. 1935[368] ins Leben gerufenen Schiedsgerichte beim Reichsnährstand für Lieferstreitigkeiten zu unterscheiden. Der Unterschied der Lieferschiedsgerichte gegenüber den Marktschiedsgerichten besteht weniger in der Gestaltung des Verfahrens als in der durchaus anderen Zuständigkeitsbegrenzung und in gewisser Hinsicht auch in der Einrichtung. Während die Marktschiedsgerichte neben gewissen bürgerlichen Rechtsstreitigkeiten meist über öffentlich-rechtliche Streitigkeiten zu entscheiden haben, sind die Lieferschiedsgerichte zur Entscheidung über solche Streitigkeiten zuständig, die ihre Rechtsgrundlage allein in Rechtsbeziehungen des bürgerlichen Rechts haben (Erfüllungs-, Leistungs-, Schadensersatzansprüche usw.). Der wesentliche Unterschied zwischen beiden Gerichtsorganisationen beruht aber in der Hauptsache darin, daß beide eine verschiedene Rechtsnatur haben. Die Zuständigkeit der Lieferschiedsgerichte beruht nicht, wie die der Marktschiedsgerichte, auf staatlicher Rechtsetzung, sondern auf freier Parteivereinbarung.

Da die Lieferschiedsgerichte entsprechend ihrer Einkleidung als private Schiedsgerichte allen Bestimmungen des 10. Buches der ZPO unterliegen, sind sie in diesem Abschnitt behandelt.

A. Zweck der Lieferschiedsgerichte.

Im Gesamtgebiet der Ernährungswirtschaft hatte bisher die größte Zersplitterung geherrscht. Die verschiedenen öffentlichen Berufsvertretungen und privaten Verbände des Landhandels, die dem Reichsnährstand angegliedert worden sind, hatten fast alle eine eigene private Schiedsgerichtsbarkeit eingerichtet. Diese Schiedsgerichte wurden auf die verschiedenste Weise gebildet und entschieden nach den unterschiedlichsten Verfahrensanordnungen und Grundsätzen. Mit dem Wegfall der Verbände schwebten alle diese Schiedsgerichtsbarkeiten mehr oder weniger in der Luft. Die Lieferschiedsgerichtsordnung diente nun der Vereinheitlichung dieser verschiedenen Schiedsgerichtsbarkeiten; sie soll den Kreisen des Handels, die bisher gewohnt waren, Schiedsverträge zu vereinbaren, auch weiterhin diese Möglichkeit bieten. Die Schiedsgerichtsordnung will zwar verhindern, daß weiterhin andere Schiedsgerichte in der Ernährungswirtschaft tätig werden als die Lieferschiedsgerichte des Reichsnährstandes; sie will aber nicht die Zuständigkeit der ordentlichen Gerichte beeinträchtigen[369] [370].

B. Einrichtung.

Die Schiedsgerichtsordnung sieht zwei Instanzen vor. Im ersten Rechtszuge entscheiden die Schiedsgerichte, in der Berufungsinstanz entscheidet das Oberschiedsgericht. Die Schiedsgerichte sind am Sitz der Landesbauernschaften gebildet; Ausnahmen bestehen aber für Schleswig-Holstein, Westfalen und Sachsen-Anhalt. Die für diese

368 RNVbl. S. 399.
369 Vgl. Frese, S. 8.
370 Vgl. Herms, S. 57 u. 58.

Bezirke zuständigen Schiedsgerichte haben ihren Sitz in Hamburg (statt Kiel), Dortmund (statt Münster) und Magdeburg (statt Dessau)[371]. Das Oberschiedsgericht hat seinen Sitz am Sitz des Reichsnährstandes. Nach § 1 Abs. II der ersten Verordnung über den vorläufigen Aufbau des Reichsnährstandes vom 8. XII. 1933[372] ist das vorerst Berlin, für später ist Goslar in Aussicht genommen[373].

Die Schiedsgerichte sowie das Oberschiedsgericht bestehen aus einem Obmann und zwei Schiedsrichtern (§§ 6 und 31 SchGO). In Fällen von besonderer Wichtigkeit und Tragweite kann der Obmann des Oberschiedsgerichts aber anordnen, daß das Oberschiedsgericht in der Besetzung des Obmanns und mit vier Schiedsrichtern entscheidet. (§ 31 SchGO.) Die Obmänner und ihre Stellvertreter müssen die Befähigung zum Richteramt haben; sie werden vom Reichsbauernführer auf die Dauer von zwei Jahren berufen (§§ 7 und 31 Abs.II). Die Schiedsrichter, die dem Reichsnährstand als Mitglied angehören müssen, werden bei den Schiedsgerichten einer Vorschlagsliste entnommen, die nach Anhörung der beteiligten Wirtschaftsgruppen (Erzeuger, Genossenschaft, Händler usw.) von der zuständigen Landesbauernschaft aufgestellt wird (§ 7 Abs. II—V SchGO); bei dem Oberschiedsgericht werden die Schiedsrichter von dem Leiter der Geschäftsstelle des Oberschiedsgerichts aus einer Schiedsrichterliste ausgewählt, die vom Reichsnährstand nach Anhörung der beteiligten Wirtschaftsgruppen nach Sachgebieten geordnet aufgestellt wird und der Genehmigung des Reichsbauernführers bedarf (§ 31 Abs. II).

C. Zuständigkeit.

In §2 Abs. I SchGO heißt es über die sachliche Zuständigkeit lediglich, daß die sachliche Zuständigkeit der Schiedsgerichte durch Vereinbarung der Parteien begründet wird. Die Vielgestaltigkeit der handelsrechtlichen und wirtschaftlichen Beziehungen der für das Schiedsgerichtsverfahren in Betracht kommenden Wirtschaftsgruppen läßt es nun nicht zu, für die Vereinbarung der sachlichen Zuständigkeit eine alle denkbaren Fälle umfassende einheitliche Formel zu finden. Die Zuständigkeit erstreckt sich auf alle bürgerlichen Rechtsstreitigkeiten, die im Geschäftsverkehr der beteiligten Wirtschaftsgruppen üblicherweise vorkommen und für die mangels Parteivereinbarung das ordentliche Gericht zuständig wäre. Das sind etwa nicht nur Streitfragen, die sich aus Kauf- und Lieferungsverträgen ergeben (z. B. Mängel-, Erfüllungs- und Schadensersatzansprüche), vielmehr fallen hierunter auch solche Streitfälle, in denen der Abschluß eines Geschäfts bestritten wird, Klagen auf Zahlung des Kaufpreises usw. Von der Zuständigkeit der Lieferschiedsgerichte ist aber scharf die Zuständigkeit der Marktschiedsgerichte zu trennen[374].

---

[371] Anordn. des Reichsbauernführers vom 16. X. 1935 und vom 2. XII. 1935 (RNVbl. S. 679 u. 737).

[372] RGBl. S. 1060.

[373] Hamann, S. 98.

[374] Vgl. Frese, S. 14, und Herms, S. 57.

Der Kreis der am Schiedsgerichtsverfahren Beteiligten ist in keiner Weise beschränkt. In erster Linie werden die Streitfälle regelmäßig in den landwirtschaftlichen Genossenschaften, den Marktzusammenschlüssen sowie in den dem Reichsnährstand zugehörigen Wirtschaftsgruppen zu finden sein, die Landhandel (Groß- und Kleinhandel) oder die Be- und Verarbeitung landwirtschaftlicher Erzeugnisse im Sinne des § 4 Ziff. 4 der 1. Verordnung über den vorläufigen Aufbau des Reichsnährstandes vom 8. XII. 1933[375] und des § 1 der 3. Verordnung vom 16. II. 1934[376] nebst den Ergänzungsanordnungen vom 23. II. 1934[377] und vom 25. VI. 1934[378] betreiben. Zum Zuständigkeitsbereich der Schiedsgerichte gehören ferner Streitigkeiten zwischen den landwirtschaftlichen Erzeugern und ihren Abnehmern. Die Schiedsabrede kann aber auch zwischen nicht dem Reichsnährstand angehörenden Parteien getroffen werden[379].

Die Anrufung der Lieferschiedsgerichte ist in einer Reihe der von den Hauptvereinigungen erlassenen einheitlichen Geschäfts- und Lieferungsbedingungen vorgesehen, so z. B. in der Anordnung Nr. 8 der Hauptvereinigung der deutschen Kartoffelwirtschaft betr. Kartoffelgeschäftsbedingungen des Reichsnährstandes vom 20. VI. 1935[380] Abschnitt XIII, in der Anordnung Nr. 2 der HV der deutschen Brauwirtschaft betr. Regelung des Absatzes von Hopfen, Ernte, vom 24. VIII. 1935[381], in der Anordnung Nr. 2 der wirtschaftlichen Vereinigung der Süßwarenwirtschaft betr. den Handel mit Kakaobutter vom 1. VIII. 1935[382] usw.[383].

Zuständigkeit des Oberschiedsgerichts.

Das Oberschiedsgericht ist zuständig zur Entscheidung über das Rechtsmittel der Berufung gegen die Entscheidungen der Lieferschiedsgerichte, wenn der Wert des Beschwerdegegenstandes 2000 RM übersteigt oder wenn das Schiedsgericht seine Entscheidung mit Rücksicht auf die Tragweite oder ihre grundsätzliche Bedeutung für berufungsfähig erklärt hat. Der Reichsbauernführer kann für einzelne Wirtschaftsgruppen eine andere Berufungssumme festsetzen (§ 29 SchGO).

Die Berufungsfrist ist eine Notfrist und beträgt 14 Tage.

D. Verfahren.

Soweit die Schiedsgerichtsordnung keine Verfahrensregelung getroffen hat, kommen ergänzungsweise die Vorschriften des 10. Buches der ZPO zur Anwendung (§ 32 SchGO). Das Verfahren vor den

---

375 RGBl. S. 1060.
376 RGBl. S. 100.
377 DRAnz. Nr. 47.
378 DRAnz. Nr. 148.
379 Vgl. Frese, S. 16.
380 RNVbl. S. 332.
381 RNVbl. S. 529 (Abschn. VII der Allg. Verkaufsbedingungen).
382 RNVbl. S. 515 (Ziff. VII der Besonderen Bestimmungen).
383 S. bei Herms, S. 58, und Frese, S. 16.

Lieferschiedsgerichten bringt nach der Schiedsgerichtsordnung im wesentlichen eine Auflockerung der Formvorschriften der ZPO. Von den Vorschriften des 10. Buches der ZPO kommen insbesondere die Vorschriften über die Mitwirkung der ordentlichen Gerichte bei der Beweisaufnahme (§§ 1035, 1036 ZPO), über die Vollstreckbarkeitserklärung (§§ 1042, 1043 ZPO), über die Aufhebungsklage (§ 1041 ZPO), über die Klage auf Feststellung der Unzulässigkeit des schiedsrichterlichen Verfahrens (§§ 1046, 1037) zur Anwendung.

E. Rechtsnatur.

Die Lieferschiedsgerichte können nicht einfach als private Schiedsgerichte betrachtet werden. Sie haben nämlich einen gewissen öffentlichen Einschlag, da sie nicht von den Parteien, sondern als ständige Einrichtung vom Reichsnährstand ins Leben gerufen sind und da auch die Parteien auf die Richter kaum einen Einfluß haben. Die Schiedsrichter erhalten ihre Entschädigung nicht von den Parteien, sondern vom Reichsnährstand. Endlich entscheiden sie nach einer vom Reichsnährstand erlassenen Verfahrensordnung. Die Lieferschiedsgerichte sind aber auch keine staatlichen Gerichte. Der Reichsnährstand hat sie in Ausübung seiner Organisationsgewalt als Selbstverwaltungskörperschaft des öffentlichen Rechts errichtet; sie sind also zwar öffentliche, aber keine staatlichen, sondern ständische Gerichte[384].

Anhang.

Gütliche Beilegung von Streitigkeiten durch die Kreis- und Landesbauernschaften.

Zur Beilegung von Streitigkeiten auf dem Gütewege zwischen dritten Personen und einem Mitglied des Reichsnährstandes und zwischen Reichsnährstandsangehörigen dienen die Güteverhandlungen vor den Kreis- und Landesbauernschaften (vgl. Ziff. 4 der Anordnung des Reichsbauernführers vom 10. VII. 1935[385]).

Die Parteien können, ohne daß ein Zwang zum Erscheinen ausgeübt wird, zu Güteverhandlungen vorgeladen werden.

4. Schiedsgerichte, Güte- und Gutachterstellen in Arbeitsrechtsstreitigkeiten.

Schrifttum:

Dersch-Volkmar: Arbeitsgerichtsgesetz, 5. Aufl., Mannheim 1934;
Pracht: Arbeitsgerichtsgesetz, Berlin 1934.

Das Arbeitsgerichtsgesetz in der Fassung der Bekanntmachung vom 10. IV. 1934[386] läßt folgende Möglichkeiten eines gänzlichen oder teilweisen Ausschlusses der Arbeitsgerichtsbarkeit zu (vgl. die

[384] Vgl. Herms, S. 18 u. 19.
[385] Mitteilungsblätter des NS.-Rechtswahrerbundes 1935, S. 67; JW 1935, S. 2122.
[386] RGBl. S. 319.

§§ 91 ff.): durch Tarifordnung des Treuhänders der Arbeit oder durch Vertrag der Parteien des Einzelarbeitsvertrages können Schiedsgerichte, Gütestellen oder Schiedsgutachterstellen in Arbeitsrechtsstreitigkeiten für zuständig erklärt werden.

a) Schiedsgerichte.

Für bürgerliche Rechtsstreitigkeiten aus einem Arbeits- oder Lehrverhältnis, das sich nach der Tarifordnung bestimmt, kann der Treuhänder der Arbeit die Arbeitsgerichtsbarkeit in der Tarifordnung durch die ausdrückliche Bestimmung ausschließen, daß die Entscheidung durch ein Schiedsgericht erfolgen soll.

So ist z. B. in § 9 der Tarifordnung für den gesamten Gartenbau für Schleswig-Holstein usw. bestimmt, daß unter Ausschluß der Arbeitsgerichtsbarkeit ein Kreisschiedsgericht bei Arbeitsrechtsstreitigkeiten zu entscheiden hat, wenn die Beilegung eines Streites im Vertrauensrat eines Betriebes auch unter Hinzuziehung der Kreisbauernschaft nicht gelingt. Das Kreisschiedsgericht ist durch den zuständigen Kreisbauernführer als Vorsitzenden und je einem Betriebsführer und Gefolgsmann gebildet.

Gegen die Entscheidungen des Kreisschiedsgerichts können die Parteien in Streitfällen von größerer Bedeutung das Rechtsmittel der Berufung bei dem bei der Landesbauernschaft, Hauptabteilung I in Kiel gebildeten Schiedsausschuß einlegen. Dieser ist aus dem Landesbauernführer als Vorsitzenden und je zwei Betriebsführern und Gefolgschaftsleuten als Beisitzer gebildet. Die Beisitzer beruft der LBF im Einvernehmen mit der Bezirksleitung der DAF für die Dauer eines Jahres. Über die Frage, ob ein Streitfall von größerer Bedeutung vorliegt, entscheidet der Landesbauernführer ohne Zuziehung von Beisitzern.

Nicht nur der Treuhänder der Arbeit kann die Arbeitsgerichtsbarkeit ausschließen, vielmehr können auch die Parteien selbst eine Schiedsklausel vereinbaren, wenn der beteiligte Beschäftigte ein Angestellter ist und sein Jahreseinkommen die im Angestelltenversicherungsgesetz vorgesehene Grenze für die Versicherungspflicht überschreitet (vgl. §§ 91 und 92 AGG).

Zusammensetzung des Schiedsgerichts.

Das Schiedsgericht muß, sofern es nicht nach § 91 Abs. II AGG für einen Einzelfall bestimmt ist, aus einer gleichen Zahl von Unternehmern und Beschäftigten bestehen, außerdem können ihm Unparteiische angehören.

Verfahren (§§ 94 ff. AGG).

Das Verfahren vor dem Schiedsgericht regelt sich nach dessen freiem Ermessen, soweit die Schiedsklausel oder die §§ 95 bis 100 AGG nichts anderes besagen. Das Verfahren wird entweder durch einen Vergleich beendet oder es ergeht ein Schiedsspruch. Der Schiedsspruch kann vom Vorsitzenden des Arbeitsgerichts für vollstreckbar erklärt werden (§ 99 AGG).

b) Gütestellen.

Soweit nach § 91 AGG eine Schiedsklausel getroffen werden kann, kann auch ohne Ausschluß der Arbeitsgerichtsbarkeit bestimmt werden, daß dem arbeitsgerichtlichen Verfahren ein Einigungsverfahren vor einer Gütestelle vorausgehen soll. (Vgl. § 101 AGG.)

Über die Zusammensetzung der Gütestellen bestimmt § 102 AGG, daß dieses in der Güteklausel festzusetzen ist.

Das Verfahren vor der Gütestelle (vgl. §§ 103—105 AGG) findet nur statt, wenn die Parteien vor ihr persönlich erscheinen. Es wird nach dem freien Ermessen der Gütestellten geregelt, soweit die Güteklausel nichts anderes besagt. Soweit eine Güteklausel getroffen ist, findet ein Güteverfahren vor dem Arbeitsgericht nicht statt (§ 105 AGG).

c) Schiedsgutachterstellen.

Soweit nach § 91 AGG. eine Schiedsklausel für Arbeitsstreitigkeiten getroffen werden kann, kann auch ohne Ausschluß der Arbeitsgerichtsbarkeit bestimmt werden, daß Tatfragen, die für die Entscheidung des Rechtsstreits erheblich sind, durch ein Schiedsgutachten einer Schiedsgutachterstelle entschieden werden sollen. (§ 106 AGG.)

Hinsichtlich der Zusammensetzung kann auf die Ausführungen bei den Gütestellen verwiesen werden.

Das Verfahren ist nicht ausschließlich dem Ermessen der Stelle überlassen, sondern, soweit nicht die Schiedsklausel selbst es regelt, den gleichen Grundsätzen unterworfen wie das Verfahren des Schiedsgerichts (§ 107 AGG).

5. Schlichtungsausschüsse nach § 50 Reichsärzteordnung.

Nach § 50 der RÄrzteO vom 13. XII. 1935[387] ist bei jeder ärztlichen Bezirksvereinigung ein Schlichtungsausschuß gebildet, der als Schlichtungsstelle (Abs. I) oder als Spruchstelle (Abs. IV) tätig werden kann. Schlichtungsausschüsse kann auch die Reichsärztekammer bei sich und den Ärztekammern einsetzen (Abs. V).

Der Schlichtungsausschuß als „Schlichtungsstelle" soll bei Streitigkeiten zwischen Ärzten auf Antrag eines Beteiligten oder von Amts wegen einen Schlichtungsversuch machen. Bei Streitigkeiten, die sich aus dem ärztlichen Berufsverhältnis zwischen einem Arzt und einem Dritten ergeben, findet ein Schlichtungsversuch nur auf Antrag des Dritten oder mit dessen Zustimmung statt. Aus besonderen Gründen kann im Einzelfall ein besonderer Schlichtungsausschuß eingesetzt werden.

Auf Ersuchen des Schlichtungsausschusses sind die Ärzte zu Auskünften und persönlichem Erscheinen verpflichtet. Bei unbegründeter Verweigerung der Auskunft oder des Erscheinens kann nach vor-

---

[387] RGBl. S. 1433.

heriger Androhung eine Ordnungsstrafe bis zu 1000 RM. verhängt werden, deren Festsetzung binnen zwei Wochen nach Zustellung mit der Beschwerde bei der Reichsärztekammer angefochten werden kann (Abs. III).

Der Schlichtungsausschuß als „Spruchstelle" (Abs. V).

Mißlingt der Schlichtungsversuch, so erläßt in Angelegenheiten, über welche die Parteien einen Vergleich zu schließen berechtigt sind, der Leiter der ärztlichen Bezirksvereinigung einen Schiedsspruch, wenn sich die Beteiligten unter Verzicht auf weitere Rechtsverfolgung bereit erklärt haben, sich einem Schiedsspruch zu unterwerfen. Auf das Verfahren finden die Vorschriften des 10. Buches der ZPO entsprechende Anwendung.

6. Gütestellen der Handwerkerinnungen.

Sowohl bei einigen Handwerkskammern als auch bei einigen Kreishandwerkerschaften und Innungen sind Gütestellen eingerichtet (vgl. § 45 der Ersten Verordnung über den vorläufigen Aufbau des deutschen Handwerks vom 15. VI. 1934[388]). Diese Gütestellen entscheiden u. a. über Streitigkeiten, die sich im Rahmen der handwerklichen Betriebsführung zwischen den Handwerksmeistern einerseits und seinen Kunden und Lieferanten andererseits, vor allem über Qualität und Preis gelieferter Waren ergeben, sodann über Streitigkeiten zwischen Handwerksangehörigen untereinander, meist unter den Innungsmitgliedern.

Soweit Beanstandungen von Waren oder Leistungen im Vordergrund stehen, wird die Vermittlung durch Gütestellen besonders dadurch erleichtert, daß sie jederzeit in der Lage sind, für die Beurteilung von Fachfragen Sachverständige zu Rate zu ziehen.

7. Gütestellen der Industrie- und Handelskammern.

Bei einigen Industrie- und Handelskammern sind Gütestellen eingerichtet, die sich mit der Schlichtung von Streitigkeiten auf fast allen Gebieten des wirtschaftlichen Lebens befassen[389].

So dienen Gütestellen für Mietstreitigkeiten dem „gütlichen Ausgleich von Mietstreitigkeiten zwischen Hauseigentümern und den Inhabern gewerblicher Räume"[390]. In Berlin haben z. B. die Industrie- und Handelskammer, die Handwerkskammer und der Bund Berliner Haus- und Grundbesitzer im August 1934 eine gemeinsame „Gütestelle zur Regelung von Miet- und Pachtstreitigkeiten" mit dem Sitz bei der Industrie- und Handelskammer ins Leben gerufen[391]. Bei der Industrie- und Handelskammer in Berlin besteht außerdem eine Güte-

[388] RGBl. S. 493.

[389] Vgl. Maelicke „Güteverfahren in der Wirtschaft", in „Wirtschaftsblatt der Industrie- u. Handelskammer in Berlin" 1937, S. 561.

[390] Vgl. § 1 der Satzung d. Gütestelle der Ind.- u. Handelsk. zu Berlin im Wirtschaftsblatt 1933, S. 632.

[391] Vgl. Wirtschaftsblatt 1936, S. 106.

stelle für den Straßenhandel zur Beilegung von Streitigkeiten zwischen dem seßhaften und dem ambulanten Handel und schließlich eine Gütestelle für Lehrvertragsstreitigkeiten.

Das Verfahren vor diesen Gütestellen ist formlos. Zwangsbefugnisse stehen ihnen nicht zu. Bindende Entscheidungen werden nicht gefällt.

8. Einigungsstellen in Kartellrechtsangelegenheiten.

Schrifttum:

Müllensiefen-Dörinkel: Kartellrecht, 3. A., Berlin 1938;
Lehnich-Fischer: Das Kartellgesetz, Berlin 1924.

1. Auf Grund des § 14 der Kartellverordnung[392] ist dem Reichswirtschaftsminister die Möglichkeit gegeben, gegen Schwierigkeiten auf dem Gebiet des Kartellwesens im Wege der Einleitung von Verfahren vor bestimmten, bei den wirtschaftlichen Verbänden bestehenden Einigungsstellen vorzugehen. Der Reichswirtschaftsminister wird insbesondere ein solches Verfahren in den Fällen der §§ 4 und 10 KVO (Gefährdung der Gesamtwirtschaft oder des Gemeinwohls durch Verträge usw. von Unternehmungen) einleiten, wenn er der Ansicht ist, daß durch die Einwirkung der Einigungsstelle die Gefährdung der Gesamtwirtschaft oder des Gemeinwohls durch das Kartell oder die Bedingungen des Kartells aufgehalten bzw. beseitigt werden kann.

Entscheidungen, für die das Reichswirtschaftsgericht (früher: Kartellgericht) zuständig ist, kann die Einigungsstelle aber nicht treffen[393].

Als Einigungsstelle für den Bereich der Industrie kommt die Einigungsstelle der Kartellstelle des Reichsverbandes der deutschen Industrie (jetzt: Abteilung Marktordnung und Betriebswirtschaft der Reichsgruppe Industrie) in Betracht. Diese Einigungsstelle ist neben der Zuständigkeit nach § 14 KVO in der Hauptsache zur Beilegung von Meinungsverschiedenheiten zwischen Mitgliedern oder zwischen Mitgliedern und dem Verband zuständig (vgl. Richtlinie 1 für die Aufstellung von Verbands-, insbesondere Kartellschiedsgerichtsordnungen[394]). Über das Verfahren vor dieser Einigungsstelle vergleiche die Ausführungen bei Müllensiefen-Dörinkel XVI, 13.

2. Einigungsverhandlungen vor Einigungsstellen sind ebenfalls in § 4 Zwangskartellgesetz[395] vorgesehen; sie sind den Einigungsverhandlungen, wie sie nach § 14 KVO vorgesehen sind, sehr ähnlich. Nach § 4 Zw.K.G. kann der Reichswirtschaftsminister anordnen, daß vor seiner Entscheidung über Maßnahmen auf Grund des § 1 Zw.K.G. (Errichtung eines Zwangskartells, Zwangsbeischluß eines Außenseiters) Einigungsverhandlungen vor Stellen, die von ihm zu bezeichnen sind, stattzufinden haben. Das Verfahren vor diesen

[392] Vom 2. XI. 1923, RGBl. S. 1067.
[393] Vgl. Lehnich-Fischer, S. 261.
[394] Abgedr. bei Müllensiefen-Dörinkel, XVI, 12 ff.
[395] Vom 15. VII. 1933, RGBl. S. 488.

Einigungsstellen ist in der Ausführungsverordnung zum Zw.K.G. vom 6. X. 1933[396] näher geregelt. Es findet auf die Verhandlung vor den Einigungsstellen, wie sie nach § 14 KVO vorgesehen sind, keine Anwendung.

Allgemein ist festzustellen, daß durch die Ausführungsverordnung den Einigungsstellen keineswegs ein behördlicher Charakter beigelegt worden ist[397].

9. Gütestellen bei Vereinen, die dem Reichsbund der Haus- und Grundbesitzer oder dem Bund Deutscher Mietervereine angeschlossen sind.

Bei einer großen Anzahl von Vereinen, die dem Reichsbund der Haus- und Grundbesitzer oder dem Bund Deutscher Mietervereine angeschlossen sind, bestehen Gütestellen zur Schlichtung von Miet- und Pachtstreitigkeiten[398]. Vereinzelt sind auch die Industrie- und Handelskammern und Handwerkskammern daran beteiligt[399]. Ihre Aufgabe besteht in der Schlichtung von Mietstreitigkeiten, im Ausgleich von Kündigungsfällen, in der Vermeidung unbilliger Härten bei der Vollstreckung von Räumungsurteilen usw.

10. Schiedsmänner.

Schrifttum (für Preußen):

Hartung: Die preußische Schiedsmannsordnung, 4. Aufl., Berlin 1927;
Heitmann: Wegweiser durch die Amtstätigkeit des Schiedsmannes, Berlin 1936 (Nr. 38 der Kommunalen Schriften);
Musal: Handbuch des Schiedsmannes, Berlin 1935.

Die Einrichtung des Schiedsmannsamtes ist in den einzelnen Ländern verschieden geregelt. Diese Arbeit wird sich auf die Darstellung der Einrichtung und Zuständigkeit des preußischen Schiedsmannsamtes bzw. Schiedsmannes beschränken.

Aufgabe des Schiedsmannes ist die Herbeiführung einer gütlichen Einigung bei Streit zwischen den Parteien in bürgerlichen Rechtsstreitigkeiten und Strafsachen. In der Praxis sind die bürgerlichen Rechtsstreitigkeiten im Gegensatz zur Bearbeitung der Strafsachen von geringer Bedeutung. So beendet oft der Schiedsmann ein Geschäftsjahr, ohne daß er eine Zivilsache bearbeitet hat. Im Jahre 1922 entfiel z. B. auf jeden vierten Schiedsmann eine bürgerliche Rechtsstreitigkeit im Jahr[400].

Die Einrichtung und Zuständigkeit des preußischen Schiedsmannsamtes bzw. Schiedsmanns beruhen auf der preußischen Schiedsmannsordnung in der Fassung vom 3. XII. 1924[401].

---

[396] RGBl. S. 724.
[397] Müllensiefen-Dörinkel, XIII, 1.
[398] Vgl. Gipser, Mietausgleichsstellen in Bayern, Deutsche Hausbes.-Zeitung 1934, S. 262.
[399] S. auf S. 134.
[400] Vgl. Musal, S. 3.
[401] GS S. 751. Vgl. die Ausf.Verfg. vom 20. XII. 1924, JMBl. 1925, 9. Die Gesch. Anw. f. d. Schiedsmänner v. 30. I. 1925, JMBl. S. 31 (abgedr. bei Hartung).

A. Einrichtung.

Das Amt des Schiedsmannes ist ein Ehrenamt. Eine besondere Vorbildung für das Amt wird nicht ausdrücklich verlangt. In Preußen ist in der Regel für jede Gemeinde ein Schiedsmann bestellt.

Die allgemeine Aufsicht über die Schiedsmänner liegt dem Aufsichtsrichter hinsichtlich der im Bezirk des Amtsgerichts wohnenden Schiedsmänner ob (vgl. §§ 1 ff. SchO).

B. Zuständigkeit.

Der Schiedsmann ist nur zur Sühneverhandlung, zur Herbeiführung einer gütlichen Einigung zwischen den Parteien berufen. Die Zuständigkeit in bürgerlichen Rechtsstreitigkeiten ist durch § 12 SchO auf vermögensrechtliche Ansprüche beschränkt.

C. Verfahren.

Der wichtigste Abschnitt der Tätigkeit des Schiedsmannes ist die mündliche Verhandlung, denn sie bildet die Grundlage für den von jedem Schiedsmann angestrebten Erfolg seiner Mühewaltung, nämlich die Einigung der Parteien im Wege des Vergleichs. Die vor ihm abgeschlossenen Vergleiche sind der Zwangsvollstreckung fähig. Die Vollstreckungsklausel hierzu erteilt das Amtsgericht (§ 32 SchO).

II. Gütestellen der NS.-Rechtsbetreuung.

Durch Erlaß des Reichsministers der Justiz vom 26. V. 1934[402] sind die NS.-Rechtsbetreuungsstellen zu gesetzlichen Gütestellen im Sinne des § 495a Abs. 1 Satz 1 ZPO erklärt.

Die Leiter dieser Gütestellen sind Rechtsanwälte des NS.-Rechtswahrerbundes. Diese sind befugt, Streitigkeiten durch einen Vergleich zu beheben. Sie können in den Grenzen des § 797a Abs. IV ZPO für den Vergleich die Vollstreckungsklausel erteilen.

Im einzelnen ist der Gang des Verfahrens wie folgt festgelegt:

Das außergerichtliche Güteverfahren wird nur auf Antrag einer minderbemittelten Partei eingeleitet. In schwierigen Fällen kann dem Antragsteller ein Anwalt als Beistand beigeordnet werden. Auch dem Antragsgegner kann ein Anwalt beigeordnet werden. Dieser kann sich aber auch eines Anwalts in freier Anwaltswahl bedienen. Die Ladung der Parteien zu dem Gütetermin erfolgt durch die Geschäftsstelle. Die Güteverhandlung findet vor dem Leiter der Geschäftsstelle oder seinem namentlich bestimmten Stellvertreter statt.

---

[402] DJ 1934, S. 690.

12. Anhang.

Dienststellen des Reichsarbeitsdienstes.

Schrifttum:

Stamm: Der Reichsarbeitsdienst, Berlin 1935, 1937;
Huber: „Verfassung" (Hamburg), S. 264.

Für die Ausführung des Arbeitsvorhabens bedient sich der Reichsarbeitsdienst der als Träger der Arbeit in Betracht kommenden Reichs- oder Landesbehörden, Gemeinden, Deich- oder Weggenossenschaften, Siedlungsgesellschaften usw. Zwischen diesen Trägern der Arbeit und dem Träger des Dienstes (dem Reichsarbeitsdienst) bestehen vertragliche Abmachungen, die auch Bestimmungen über die Beilegung von Streitigkeiten enthalten[403]. Diese Streitigkeiten sind keine bürgerlichen Rechtsstreitigkeiten[404], sondern Verwaltungsrechtsstreitigkeiten. Sie werden, falls der Träger der Arbeit eine Behörde ist, auf dem Dienstweg durch die vorgesetzte Dienststelle des Trägers der Arbeit und des Reichsarbeitsdienstes ausgetragen. Bei einem Träger der Arbeit, der keine Behörde ist, gilt seine zuständige Aufsichtsbehörde als vorgesetzte Dienststelle (Nr. 16 der Allgemeinen Vertragsbedingungen[405]).

Die Bestimmung des § 14 der Allgemeinen Vertragsbedingungen[406], daß ein Schiedsgericht zu entscheiden hat, wenn eine Einigung zwischen den Dienststellen nicht zustande kommt, ist in den neuen Bestimmungen der Allgemeinen Vertragsbedingungen nicht mehr enthalten (vgl. Stamm 1937, S. 267).

13. Verweisungen.

a) Innungsausschüsse für Lehrlingsstreitigkeiten. S. 42.
b) Marktschiedsgerichte. S. 77 ff.
c) Kleingartenschiedsgerichte. S. 33 ff.
d) Schiedsämter für Ärzte. S. 91 ff.
e) Schiedsämter nach dem Reichsknappschaftsgesetz. S. 92 ff.
f) Schiedsämter für Zahnärzte und Dentisten. S. 95 ff.

---

[403] Vgl. die Allgem. u. Sondervertragsbedingungen, abgedr. bei Stamm (1935), S. 137.
[404] Vgl. Huber, S. 264.
[405] Vgl. Stamm (1937), S. 267.
[406] Vgl. Stamm (1935), S. 142.

Von den „Hamburger Rechtsstudien“ sind bisher erschienen:

Heft 1: Der Begriff des Versicherungsfalles in der Seeversicherung. Von Dr. F. Alexander Bene. Groß-Oktav. 75 Seiten. 1928. RM 4.—

Heft 2: Die Bedeutung des Interesses für die Veräußerung der versicherten Sache. Von Dr. Hermann Heinrich Elkan. Groß-Oktav. 58 Seiten. 1928. RM 3.60

Heft 3: Aktiensonderdepot und Legitimationsübertragung. Von Dr. Günther Frohner. Groß-Oktav. 121 Seiten. 1929. RM 6.30

Heft 4: Die Gewinnversicherung. Von Dr. Helmut Winkler. Groß-Oktav. 31 Seiten. 1930. RM 1.80

Heft 5: Der Konnossement-Teilschein. Von Dr. Heinz Behlert. Groß-Oktav. 79 Seiten. 1930. RM 4.50

Heft 6: Die Order-Police. Von Dr. Alexander N. Tsirintanis. Groß-Oktav. 95 Seiten. 1930. RM 5.40

Heft 7: Reine Konnossemente gegen Revers. Von Dr. Robert Lion. Groß-Oktav. 78 Seiten. 1930. RM 4.50

Heft 8: Versicherung für Rechnung wen es angeht. Von Dr. Helmuth Embden. Groß-Oktav. 39 Seiten. 1930. RM 2.70

Heft 9: Die guten Sitten in der arbeitsrechtlichen Rechtsprechung nach dem Kriege. Von Dr. Fritz Oettinger. Groß-Oktav. 84 Seiten. 1931. RM 4.50

Heft 10: Wandlung und Minderung bei einer Mehrheit von Käufern oder Verkäufern. Von Dr. Hans Wogatzky. Groß-Oktav. 115 Seiten. 1931. RM 6.—

Heft 11: Das Versicherungs-Zertifikat. Von Dr. Rudolf Nothmann. Groß-Oktav. 96 Seiten. 1932. RM 5.—

Heft 12: Die Versicherung der Havariegrosse-Schäden. Von Dr. Hans Cramer. Groß-Oktav. 56 Seiten. 1932. RM 3.—

Heft 13: Die Staatshaftung für den Hamburger Hafenlotsen. Von Dr. Erwin Mumssen. Groß-Oktav. 110 Seiten. 1932. RM 5.—

Heft 14: Gleichberechtigung der Geschlechter im künftigen Elternrecht. Von Dr. Charlotte Cohn. Groß-Oktav. XI und 56 Seiten. 1932. RM 3.50

Heft 15: Die Speditionsversicherung in den Allgemeinen Deutschen Spediteurbedingungen. Von Dr. Willi Schiering. Groß-Oktav. 74 Seiten. 1932. RM 4.—

Heft 16: Quellenkritische Studien zur Bessergebotsklausel (in diem addictio) im römischen Kaufrecht. Von Dr. jur. Harald Sieg. Groß-Oktav. 43 Seiten. 1933. RM 3.—

Heft 17: Kostfrachtgeschäft und laufende Versicherung. Von Dr. jur. Detlev Himer. Groß-Oktav. 42 Seiten. 1933. RM 3.—

Heft 18: Acatholicus. Eine Untersuchung über die Stellung der Ungetauften und der Apostaten, Häretiker und Schismatiker sowie der sonstigen exkommunizierten Christen im geltenden kanonischen Recht. Von Dr. Walter Bobm. Groß-Oktav. 59 Seiten. 1933. RM 3.—

Heft 19: Beiträge zur Lehre von den subjektiven Unrechtselementen im Strafrecht. Von Dr. Rudolf Sieverts. Groß-Oktav. 240 Seiten. 1934. RM 10.—

Heft 20: Die vorvertragliche Anzeigepflicht des Versicherungsnehmers. Von Dr. Klaus Koops. Groß-Oktav. 52 Seiten. 1934. RM 3.—

Heft 21: Das Zustandekommen des Versicherungsvertrages, eine rechtsvergleichende Darstellung. Von Dr. Heinz Hagemann. Groß-Oktav. 68 Seiten. 1934. RM 4.—

Heft 22: Grundsätze der versicherungsrechtlichen Vorteilsausgleichung. Von Dr. Günther Schultz. Groß-Oktav. 69 Seiten. 1934. RM 4.—

Heft 23: Die Abtretung von Forderungen aus gegenseitigen Verträgen. Von Dr. Walter Brügmann. Groß-Oktav. XVI und 110 Seiten. 1934. RM 5.—

Heft 24: Die Stellung des geschädigten Dritten in der Haftpflichtversicherung Von Dr. Rolf Senger. Groß-Oktav. 68 Seiten. RM 4.—

Heft 25: Neuwertversicherung. Von Dr. Heinz Wahren. Groß-Oktav. 90 Seiten. 1935. RM 4.50

Kolibri 360 GmbH
Ferdinand-Jühlke-Straße 7
99095 Erfurt, Deutschland
produktsicherheit@kolibri360.de